1 # Eine kleine Vorbemerkung

VORWORT

In dieser Broschüre zum Thema Mobilität dreht sich alles um eins: **Mobil sein.**
„Mobil sein" ist aber begrifflich gesehen ein Teekesselchen, es kann zweierlei bedeuten:

1. Wir sind mobil, wenn wir unseren Standort wechseln (also zum Beispiel von der
   Schule nach Hause fahren).
2. Wir sind mobil, wenn wir uns bewegen (also zum Beispiel auf dem Stuhl herum-
   zappeln).

Zur Folge hat dieser kleine Unterschied, dass wir schnell in Erklärungsnot geraten,
wenn wir folgenden Sachverhalt einordnen müssen:

Sind wir mobil, wenn wir mit dem Auto zur Schule fahren?
Auch wenn wir die ganze Zeit im Auto still sitzen?

Der Begriff Mobilität entfernt sich aufgrund des technischen Fortschritts immer
mehr von seiner ursprünglichen Bedeutung „mobil sein = sich bewegen". Einher-
gehend mit der zunehmenden Mobilität der Gesellschaft wird eine zunehmende
Trägheit der Menschen verzeichnet, die aufgrund von immer geringerer Bewegung
Übergewicht sowie Skelett- und Kreislauferkrankungen entwickeln. Ziel einer jeg-
lichen Mobilitätserziehung sollte es demnach sein, die Kinder zu **mobilisieren**
und ihnen zu helfen, sich ihrer eigenen Fähigkeit zur Bewegung wieder bewusst
zu werden. Denn gesünder und klimafreundlicher zugleich ist keine andere Art der
Fortbewegung als die durch eigene Muskelkraft!

Der große Erfolg des ersten Teils der Klimaretter-Serie zum Thema **Energiesparen**
veranlasste uns dazu, die derzeit nur begrenzt verfügbaren Unterrichtsmaterialien
zum Thema **klimafreundliche Mobilität** um eine Fortsetzung der Serie zu
diesem Thema zu erweitern. Wir danken an dieser Stelle der Firma TOTAL Deutschland GmbH für die finanzielle Unterstützung bei der Erstellung dieser Broschüre.

Nadine Hölzinger, Autorin

Unabhängiges Institut für Umweltfragen e.V.
Berlin, im März 2008

D1729531

2 Inhaltsverzeichnis

3 Lehrerleitfaden für „Klimaretter auf Achse"

 Energie – ein Zukunftsthema

Das Thema ist in aller Munde – ob in den Nachrichten, Zeitungen, in Gesprächen der Erwachsenen, in Filmen oder in interaktiven Spielen: Überall werden Kinder zunehmend mit Problemen und Auswirkungen der Energieversorgung (Klimawandel und Umweltverschmutzung) sowie möglichen Strategien zur Reduzierung dieser negativen Auswirkungen konfrontiert.

In den letzten Jahren beobachten wir in den Grundschulklassen, die wir im Rahmen von Energie- und Klimaschutzprojekten besuchen, ein stetig wachsendes Interesse für die Themen Klimawandel, Kriege um Öl und Umweltverschmutzung seitens der Kinder. Dabei erscheinen sie häufig verwirrt und in unzusammenhängenden Einzelinformationen verloren, die zum Teil so bruchstückhaft in die Köpfe gelangten, dass sie nicht ausreichen, um konkrete Fragen zur Klärung zu formulieren. Werden diesen Kindern erstmals die Zusammenhänge zwischen Energie und Klimawandel erklärt und ihnen ihre Rolle als Energiekonsumenten verdeutlicht, so

führt dies häufig zu einem Aha-Erlebnis. Die Kinder fühlen sich nicht mehr hilflos, sondern erkennen, dass auch sie in ihrem Alltag ohne große Schwierigkeiten dazu beitragen können, die Lage zu verbessern.

Die derzeitige Schulsituation erlaubt es häufig nicht, sich im Rahmen des Unterrichts intensiv mit Themen zu befassen, die im Rahmenlehrplan nur einen geringen oder gar keinen Stellenwert besitzen. Dennoch haben uns viele Lehrer berichtet, dass sich durch die Energie- und Klimaschutzprojekte in ihren Schulen weit mehr als nur eine inhaltliche Vermittlung des Themas entwickelt hat: Die Kinder sind durch die praxisnahe Erforschung des Themas als Gruppe gewachsen, haben in ihrer Neugier Ideen entwickelt und Lösungen gefunden. Sie sind selbstbewusster geworden und konnten soziale und kommunikative Fähigkeiten wie Teamarbeit, Argumentation, Verhandeln, Überzeugungskraft und Visualisierung von Zusammenhängen entwickeln und stärken.

 Mobilitätserziehung in der Schule

Die Mobilitätserziehung in der Schule konzentrierte sich in früheren Jahren auf die reine Verkehrserziehung zur Förderung der Sicherheit im Straßenverkehr mit dem Ziel, die Kinder und Jugendlichen in ihrer Rolle als Fußgänger bzw. Radfahrer zu schützen. Mit zunehmendem Bewusstsein über die gesellschaftliche Relevanz des Themas Verkehr wurde der Begriff der Verkehrserziehung zur Mobilitätserziehung erweitert. Nunmehr sollen zusätzlich zur Verkehrssicherheitserziehung Schwerpunkte in den Bereichen Umwelt

und Gesundheit sowie andere gesellschaftliche Aspekte Einzug in die Lehrpläne halten.

Die vorliegende Broschüre „Kleines Handbuch für Klimaretter – auf Achse" leistet ihren Beitrag zur schulischen Mobilitätserziehung, indem sie die neuen Perspektiven Umwelt- bzw. Klimaschutz und Gesellschaft für die Mobilitätserziehung der 4.–7. Klasse in Form von Arbeitsblättern und Projektideen aufbereitet.

4 Lehrerleitfaden

 Lernziele

Die Aufgaben, Experimente und Projekte in dieser Broschüre dienen dazu, den Kindern die notwendigen Hintergrundinformationen zum selbstständigen Erforschen und Entdecken der folgenden **Themenbereiche** zu liefern:

> ··> Was ist Energie?
> ··> Was ist Mobilität?
> ··> Was hat Mobilität mit Energie zu tun?
> ··> Welche Transportmittel gibt es und wie viel Energie verbrauchen sie?
> ··> Welche Kraftstoffe gibt es und woher bekommen sie ihre Energie?
> ··> Was ist der Klimawandel und was hat er mit Energie zu tun?
> ··> Wie kann man heutzutage klimafreundlich mobil sein?
> ··> Wie sieht die Mobilität von morgen aus?

Insbesondere soll den Kindern verdeutlicht werden, dass sie stets zwischen alternativen Fortbewegungsarten wählen können und sie durch die Wahl des Transportmittels einen Einfluss auf den Energieverbrauch und folglich auf die CO_2-Konzentration in der Atmosphäre haben. Sie stehen also dem Klimawandel nicht passiv und hilflos gegenüber, sondern können durch ihr Verhalten ihre persönliche CO_2-Bilanz senken und damit den **Klimawandel aktiv beeinflussen**.

Die in dieser Broschüre präsentierten Unterrichtsmaterialien sind als Anstoß für die weitergehende und auf die individuelle Lebenssituation der Kinder ausgerichtete Beschäftigung mit dem Thema im Unterricht gedacht. Die Arbeitsbögen bauen daher in der Regel nicht aufeinander auf, sondern können auch einzeln zur Strukturierung des Unterrichtsprojekts herangezogen werden.
Sie liefern insbesondere Informationen über die **Zusammenhänge** zwischen Mobilität und Energie und zeigen **Lösungsperspektiven** in den Bereichen

> ··> Verhalten
> ··> Technik (Kraftstoffe und Antriebstechnologien)
> ··> Verkehrsstrukturen (Stadtentwicklung)

auf. Andere Umweltauswirkungen des Verkehrs wie Lärm, Smog, saurer Regen, Flächenversiegelung etc. sind aufgrund der Themenvielfalt nicht primär Bestandteil dieser Broschüre, obwohl einige Themen angesprochen werden (Katalysator, Abholzung des Regenwalds). Da diese Themen im Rahmen einer ganzheitlichen Mobilitätserziehung jedoch ebenso wichtig sind wie der Klimaschutz, wird im Anhang der Broschüre auf andere Informationsquellen zu diesen Themen verwiesen.

LEITFADEN

5 # Beschluss der Kultusministerkonferenz

 Empfehlungen zur Verkehrserziehung in der Schule der Kultusministerkonferenz vom 7.7.1992
in der Fassung vom 17.6.1994 – Auszug

Vorbemerkung

Verkehrserziehung ist der Schule als Teil ihres Unterrichts- und Erziehungsauftrags
zugewiesen. Die Ausweitung und Verdichtung des Straßenverkehrs hat sich zu
einem zentralen gesellschaftlichen Problembereich entwickelt, der das alltägliche
Leben und das Verhalten der Menschen immer stärker beeinflusst. Mobilität im
Straßenverkehr ist mit hohen Unfallzahlen und zunehmender Aggressivität von Ver-
kehrsteilnehmern ebenso verbunden wie mit Luftverschmutzung, Lärm und wach-
sendem Flächenverbrauch.

Für ein generelles Umdenken und zur Entwicklung von Alternativen sind Einstel-
lungen und Verhaltensweisen erforderlich, die auch das schulische Lernen betreffen.
Die Kultusministerkonferenz hat daher ihre „Empfehlung zur Verkehrserziehung in
der Schule" aus dem Jahre 1972 neu akzentuiert.

1. Aufgaben und Ziele

Schülerinnen und Schüler nehmen – mit zunehmendem Alter um so intensiver
und differenzierter – am Verkehrsgeschehen teil. Die Schule muss es sich daher zur
Aufgabe machen, verkehrsspezifische Kenntnisse zu vermitteln und die für reflek-
tierte Mitverantwortung in der Verkehrswirklichkeit erforderlichen Fähigkeiten und
Haltungen zu fördern. Verkehrserziehung beschränkt sich nicht nur auf das Verhalten von Schülerinnen und Schülern und auf ihre Anpassung an bestehende Ver-
kehrsverhältnisse; sie schließt vielmehr auch die kritische Auseinandersetzung mit
Erscheinungen, Bedingungen und Folgen des gegenwärtigen Verkehrs und seiner
künftigen Gestaltung ein.

Verkehrserziehung in der Schule leistet insofern Beiträge gleichermaßen zur Sicher-
heitserziehung, Sozialerziehung, Umwelterziehung und Gesundheitserziehung. […]

Verkehrserziehung als Beitrag zur Umwelterziehung

Wegen der Bedeutung von Umweltfragen und eines veränderten Umweltbewusst-
seins bei Schülerinnen und Schülern muss die Schule die Thematik „Umwelt und
Verkehr" aufgreifen.

Die Schülerinnen und Schüler sollen verschiedene Faktoren von Umweltbelastungen
und -zerstörungen durch den Verkehr kennen, sie sollen sich mit ihrem eigenen Verhalten und dem der Erwachsenen als Verkehrsteilnehmer kritisch auseinandersetzen
und Alternativen zum bestehenden Verkehrsverhalten und zur Verkehrsgestaltung
entwickeln. Dies bedeutet z.B., begründete Entscheidungen bei der Wahl der
Verkehrsmittel zu treffen, umweltfreundliche Verkehrsmittel zu benutzen, konkrete
Vorschläge zur Gestaltung der Verkehrssituation im unmittelbaren Wohn- und
Schulumfeld zu machen und Fragen der Verkehrsplanung und der Verkehrspolitik zu
erörtern.

6 Entwicklungen im Verkehrsbereich

Die zu erwartenden Entwicklungen im Verkehrsbereich wurden 2007 in einer vom Bundesministerium für Verkehr, Bau und Stadtentwicklung beauftragten Studie („Prognose der deutschlandweiten Verkehrsverflechtungen 2025") untersucht: Sie werden zum einen durch demographische Faktoren geprägt sein, zum anderen aber auch durch das **individuelle Verkehrsverhalten der Menschen**. Dieses wiederum hängt stark von den Entwicklungen der Verkehrsinfrastruktur (Stadtplanung, Öffentlicher Personennahverkehr (ÖPNV) etc.) ab.

Obwohl die Einwohnerzahl Deutschlands von 82,5 Mio. (2004) bis 2025 auf 81,7 Mio., d.h. um 1 %, abnehmen wird, ist mit einem **demographisch bedingt steigenden Verkehrsaufkommen** im Bereich des motorisierten Verkehrs zu rechnen: Die Zahl der nicht-motorisierten Kinder und Jugendlichen unter 18 Jahren sinkt um 16 % (die Zahl der Schüler sogar um 19 %), wohingegen die Zahl der Einwohner im „fahrfähigen Alter" um insgesamt 2 % steigt. Hierbei nimmt die Zahl der älteren Personen (60 und mehr) in dieser Gruppe mit 26 % weit überdurchschnittlich zu.

Zur Beschreibung der Verkehrsentwicklung werden zwei wichtige Kenngrößen herangezogen: Das **Verkehrsaufkommen** gibt die Anzahl der ausgeführten Fahrten an, die **Verkehrsleistung** ermittelt die gefahrenen Personenkilometer (Pkm).

Die Prognosen zur Entwicklung des Personenverkehrs (einschließlich der nicht-motorisierten Fahrten) zwischen 2004 und 2025 erwarten ein Wachstum
··> des Verkehrsaufkommens von 100,3 Mrd. auf 103,1 Mrd. Fahrten (+2,7 %), wobei der Anteil des motorisierten Verkehrs ein überproportionales Wachstum von 7,1 % einnimmt
··> der Verkehrsleistung von 1.161 Mrd. Pkm auf 1.368 Mrd. Pkm (+17,9 %), wobei auch hier der Anteil des motorisierten Verkehrs ein überproportionales Wachstum von 19,4 % einnimmt

Um diesen Entwicklungen entgegenzusteuern, haben sich im Rahmen der Aktivitäten der **Lokalen Agenda 21** Städte und Kommunen Ziele zur Reduzierung der klimawirksamen Verkehrsemissionen gesetzt: Der Modal Split (Verteilung der Wege auf Verkehrsmittel) soll deutlich zu Gunsten des Umweltverbundes (ÖPNV, Fuß- und Radverkehr) verändert werden. Berlin z.B. strebt an, mittelfristig 44 % des Gesamtaufkommens durch ÖPNV, 33 % durch nicht-motorisierte und 22 % durch motorisierte Verkehrsmittel zu decken.

Des Weiteren sank aufgrund einer zwischen der **europäischen Kommission** und der Automobilbranche geschlossenen freiwilligen Vereinbarung der CO_2-Ausstoß neuer PKW in der EU zwischen 1995 und 2004 um etwa 12 %. Die Zielmarke von 120g CO_2/km für das Jahr 2012 soll dabei vor allem durch Effizienz steigernde technische Optimierungen und den Einsatz alternativer Kraftstoffe erreicht werden. Auf Basis der geplanten Ziele wird erwartet, dass die Gesamtemissionen um weitere 11 % im Zeitraum von 2004 bis 2025 abnehmen.

ENTWICKLUNG

7 Kopiervorlagen und Arbeitsbögen

Die Inhalte der Kapitel sind in logischer Reihenfolge von sehr allgemeinen Themen wie **„Was ist Mobilität?"** zu speziellen Themen wie **„Alternative Kraftstoffe und Antriebstechnologien"** aufgebaut – einzelne Kapitel und Arbeitsblätter können aber in der Regel unabhängig von den vorhergehenden Arbeitsblättern im Unterricht eingesetzt werden.

Manche Arbeitsblätter beinhalten neben den notwendigen Hintergrundinformationen zur Lösung der Aufgaben auch weitergehende Informationen für Kinder, die über das eigentliche Thema hinaus mehr wissen wollen. Außerdem wird auf lustige oder interessante Nebenaspekte und Möglichkeiten zur Nachahmung oder Beobachtung im Alltag hingewiesen.

Die Kopiervorlagen und Arbeitsblätter sind so gestaltet, dass sie **einzeln und im Rahmen einer Unterrichtseinheit** ergänzend zu den im Lehrplan vorgesehenen Themen eingesetzt werden können. Sie bilden jeweils eine abgeschlossene Einheit, die einen bestimmten Aspekt des Themas beleuchtet. Jedoch können sie auch **in ihrer Folge zur vollständigen Unterrichtsgestaltung** herangezogen werden, da sie logisch aufeinander aufbauend das Wissen der Schüler erweitern und einen umfassenden Einblick in das Thema Energie und Mobilität mit seinen wirtschaftlichen, politischen, ökologischen und sozialen Aspekten ermöglichen.

Kopiervorlagen und Arbeitsbögen

8 Fitz und Fred

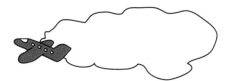

FRED FAULTIER

Fred, das Faultier, ist nicht so faul wie vermutet: Er faulenzt bevorzugt in den hohen Baumkronen der tropischen Regenwälder von Mittelamerika und dem Amazonasbecken bis zum südlichen Brasilien – und da muss man erst mal hoch kommen...

FITZ FALKE

Fitz, der Wanderfalke, ist eigentlich auf der ganzen Welt zu Hause. Nur bis zur Antarktis, der Karibik und Neuseeland hat er es noch nicht geschafft. Am liebsten brütet er als Felsbrüter in bergigen Regionen und an felsigen Küsten. Deshalb meiden Fitz und seine Verwandten auch die tropischen Wälder der Niederungen Südamerikas und Afrikas oder die Steppenregionen Asiens...

Und...? Ahnt ihr schon das Dilemma?

Genau! Wenn Fitz und Fred sich treffen möchten, dann ist das nicht so einfach: Fred ist zu faul, um den Regenwald zu verlassen, und Fitz fliegt ungern dorthin, da er dort nicht heimisch ist.

Deshalb haben die beiden beschlossen, sich einfach in diesem Buch zu treffen und euch in die Welt der klimafreundlichen Mobilität einzuführen. Denn von beiden könnt ihr noch etwas lernen:

Fitz zeigt euch, wie man weite Wege mit möglichst wenig (eigenem) Energieaufwand zurücklegt, z.B. indem ihr schlau mit eurer Energie haushaltet.

Fred ist ein lebendiges Vorbild dafür, dass man mit vorausschauendem Denken Energie sparen kann, indem man lange, doppelte oder unnütze Wege meidet.

Denn beiden ist klar: Mobil sein und bleiben ist wichtig – und Klimaschutz auch!

9 Energie – was ist das?

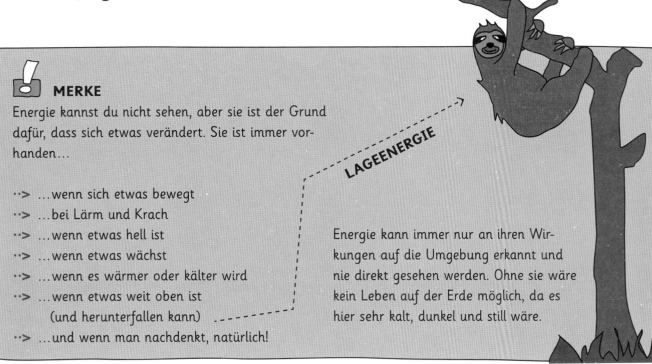

MERKE

Energie kannst du nicht sehen, aber sie ist der Grund dafür, dass sich etwas verändert. Sie ist immer vorhanden...

··> ...wenn sich etwas bewegt
··> ...bei Lärm und Krach
··> ...wenn etwas hell ist
··> ...wenn etwas wächst
··> ...wenn es wärmer oder kälter wird
··> ...wenn etwas weit oben ist
  (und herunterfallen kann)
··> ...und wenn man nachdenkt, natürlich!

LAGEENERGIE

Energie kann immer nur an ihren Wirkungen auf die Umgebung erkannt und nie direkt gesehen werden. Ohne sie wäre kein Leben auf der Erde möglich, da es hier sehr kalt, dunkel und still wäre.

AUFGABE

1 Nehmt euren Stift und dieses Arbeitsblatt und setzt euch auf einen anderen Platz in der Klasse. Ihr könnt dabei alle Fortbewegungsmöglichkeiten ausprobieren, die euch einfallen: **Hüpfen, krabbeln, rennen, rückwärtslaufen, trödeln...**

Wenn ihr an eurem neuen Platz angekommen seid, überlegt, für was alles ihr auf euerm Weg Energie gebraucht habt:

_____

_____

_____

Welches Kind hat
...sich **am lustigsten** fortbewegt?

_____

...sich die **anstrengendste Art der Fortbewegung** ausgesucht?

_____

...eurer Meinung nach **am meisten Energie gebraucht** und warum?

_____

2 Nun geht wieder auf euren Platz zurück, und zwar mit derselben Art der Bewegung, die ihr auch auf dem Hinweg benutzt habt. Nur diesmal **ganz langsam oder ganz schnell.**

Welcher Weg war **anstrengender**, der Hin- oder der Rückweg?

☐ Hinweg
☐ Rückweg
☐ kein Unterschied

Was schätzt ihr: Habt ihr auf dem Rückweg **mehr oder weniger Energie** als auf dem Hinweg gebraucht?

☐ mehr Energie
☐ weniger Energie
☐ gleichviel Energie

10 Mobilität – was ist das?

Mobilität ist ein ziemlich häufig verwendeter Begriff, und der Wortstamm „mobil" kommt in vielen Wörtern des Alltags vor. Fred Faultier zum Beispiel sagt man nach, dass er nicht besonders mobil sei. Bis neulich hat

er deshalb gedacht, dass es ein Schimpfwort sei, aber sein Onkel, Professor Chaos, hat gemeinsam mit ihm im Wörterbuch nachgeschlagen – das ist übrigens ein guter Tipp, wenn ihr mal ein Wort nicht kennt...

---

mo|bil <Adj.> [frz. mobile = beweglich, marschbereit < lat. mobilis = beweglich, zu: movere, ⇧ Motor]

Verstanden? ☐ **Ja** ··> Gratuliere, du gehörst wohl zu den besonders Schlauen deiner Klasse!
☐ **Nein** ··> Kein Problem, Fred hat es auch nicht verstanden.

Hier die verständlichere Formulierung von Professor Chaos: **„mobil" bedeutet so viel wie „beweglich (sein)"** und Wörter, die den Wortstamm „mobil" besitzen, beschreiben Situationen, Dinge oder Tätigkeiten, die etwas mit Bewegung zu tun haben, mit Änderung oder auch mit Beweglichkeit.

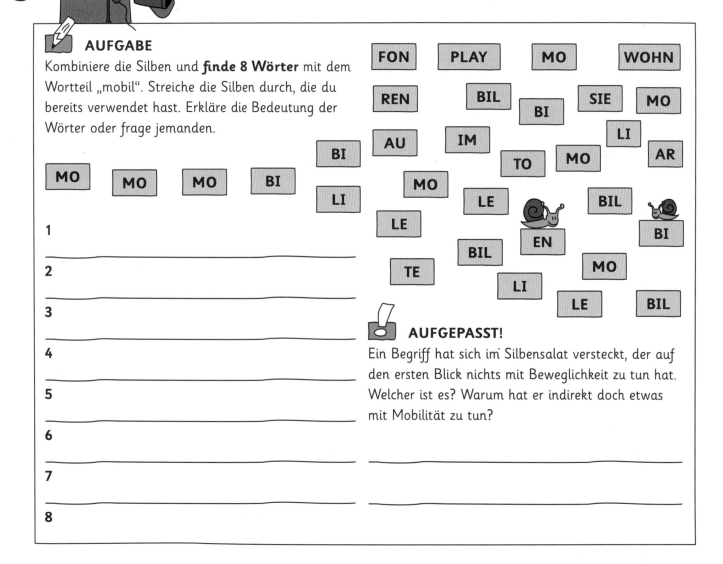

AUFGABE

Kombiniere die Silben und **finde 8 Wörter** mit dem Wortteil „mobil". Streiche die Silben durch, die du bereits verwendet hast. Erkläre die Bedeutung der Wörter oder frage jemanden.

MO   MO   MO   BI   BI   LI

1 _____

2 _____

3 _____

4 _____

5 _____

6 _____

7 _____

8 _____

FON   PLAY   MO   WOHN
REN   BIL   BI   SIE   MO
AU   IM   LI   AR
TO   MO
MO   LE   BIL
LE   EN   BI
BIL   MO
TE   LI
LE   BIL

AUFGEPASST!

Ein Begriff hat sich im Silbensalat versteckt, der auf den ersten Blick nichts mit Beweglichkeit zu tun hat. Welcher ist es? Warum hat er indirekt doch etwas mit Mobilität zu tun?

_____

_____

_____

11 Auf die Füße, fertig, los!

Mobil sein bedeutet, sich von einem Ort zum nächsten zu bewegen.

Doch wann und vor allem warum sind Menschen eigentlich mobil? Sind sie weniger oder häufiger unterwegs als nötig?
Und vor allem: Wie sind sie unterwegs?

AUFGABE

Um das herauszufinden, führt ein Experiment durch: Wie richtige Forscher müsst ihr **eure Beobachtungen genau notieren**, um nichts zu vergessen oder verkehrt wiederzugeben.

Beobachtet eine Person eurer Umgebung oder euch selbst vom Aufstehen bis zum Schlafen gehen und notiert alle Wege über 5 m, die am Tag zurückgelegt werden. Am besten funktioniert das entweder bei euch selbst oder am Wochenende, wenn ein/e Freund/in bei euch übernachten darf oder eure Eltern den ganzen Tag um euch sind. Wenn das Protokoll auf dieser Seite nicht ausreicht, dann nehmt euch ein weiteres Blatt, das ihr ebenso strukturiert.
Viel Spaß dabei!

WICHTIG

Ein Experiment darf man nicht selbst beeinflussen, wenn man „echte" Situationen wiedergeben möchte.
Also: Nicht extra euren kleinen Bruder durch die Gegend scheuchen, damit ihr mehr zu erzählen habt!

Allgemeine Angaben

Name des Forschers:
_____

Beobachtete Person:
_____

Datum/Wochentag:
_____

Dauer des Experiments: von: _____ bis: _____

Fortbewegungsprotokoll

Uhrzeit: _____   Dauer: _____

Grund:
_____

Weglänge: ca. _____

Art der Fortbewegung: ☐ zu Fuß ☐ Fahrrad ☐ Auto ☐ Bahn ☐ Rollstuhl ☐ Aufzug
☐ Sonstige: _____

Auswertung

Gesamtstrecke:
_____

Mobile Zeit:
_____

Davon selbst mobil:
_____

Davon mit Hilfe mobil:
_____

Bemerkungen

_____

_____

12 | Auf die Füße, fertig, los – Protokolle

Fortbewegungsprotokoll

Uhrzeit: _____ Dauer: _____

Grund: _____

Weglänge: ca. _____

Fortbewegung: ☐ zu Fuß ☐ Fahrrad ☐ Auto
☐ Bahn ☐ Rollstuhl ☐ Aufzug
☐ Sonstige: _____

Fortbewegungsprotokoll

Uhrzeit: _____ Dauer: _____

Grund: _____

Weglänge: ca. _____

Fortbewegung: ☐ zu Fuß ☐ Fahrrad ☐ Auto
☐ Bahn ☐ Rollstuhl ☐ Aufzug
☐ Sonstige: _____

Fortbewegungsprotokoll

Uhrzeit: _____ Dauer: _____

Grund: _____

Weglänge: ca. _____

Fortbewegung: ☐ zu Fuß ☐ Fahrrad ☐ Auto
☐ Bahn ☐ Rollstuhl ☐ Aufzug
☐ Sonstige: _____

Fortbewegungsprotokoll

Uhrzeit: _____ Dauer: _____

Grund: _____

Weglänge: ca. _____

Fortbewegung: ☐ zu Fuß ☐ Fahrrad ☐ Auto
☐ Bahn ☐ Rollstuhl ☐ Aufzug
☐ Sonstige: _____

Fortbewegungsprotokoll

Uhrzeit: _____ Dauer: _____

Grund: _____

Weglänge: ca. _____

Fortbewegung: ☐ zu Fuß ☐ Fahrrad ☐ Auto
☐ Bahn ☐ Rollstuhl ☐ Aufzug
☐ Sonstige: _____

Fortbewegungsprotokoll

Uhrzeit: _____ Dauer: _____

Grund: _____

Weglänge: ca. _____

Fortbewegung: ☐ zu Fuß ☐ Fahrrad ☐ Auto
☐ Bahn ☐ Rollstuhl ☐ Aufzug
☐ Sonstige: _____

13 Das mobile Dilemma

AUFGABE

Lest euch den Spruch auf dem LKW genau durch.
Auf den ersten Blick klingt der Satz komisch, auf den zweiten
Blick erklärt er euch **das Dilemma der heutigen Mobilität**. Um diesen „zweiten Blick" zu bekommen, schaut euch die
Anmerkungen von Fitz Falke an. Sie geben euch Hinweise zur
Beantwortung der Expertenfragen am Ende dieser Seite.
Los geht's!

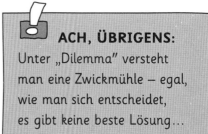

ACH, ÜBRIGENS:
Unter „Dilemma" versteht
man eine Zwickmühle – egal,
wie man sich entscheidet,
es gibt keine beste Lösung…

EXPERTENFRAGEN

1 Waren die Leute früher aus anderen Gründen
unterwegs als wir heute?

☐ Ja ☐ Nein ☐ Teilweise, nämlich

_____

2 Haben sie andere Transportmittel genutzt als wir
heute? Wenn ja, nenne mindestens zwei Gründe!

☐ Ja ☐ Nein

1. Grund: _____

2. Grund: _____

3 Und …? Waren die Menschen früher mobiler?

_____

Und warum steht in Zukunft alles still?
Hier hat euch Fitz Falke die Antwort schon in Spiegelschrift vorgeschrieben. Damit du sie besser lesen
kannst, schreibe sie nochmal richtig herum ab!

In Zukunft steht nur dann alles still, wenn die
Energie aufgebraucht ist, die wir für unsere
Transportmittel benötigen. Die Energiereserven
sind besonders für die Kraftstoffe Benzin, Diesel
und Erdgas begrenzt. Also müssen wir andere
Energiequellen nutzen, die unendlich verfügbar
sind, zum Beispiel die erneuerbaren Energien
(Sonnenenergie, Windkraft, Wasserkraft, Erdwärme und Biomasse). Oder ganz einfach: Öfter
mal die eigenen Muskeln anstrengen und die
Füße oder das Fahrrad benutzen!

14 Rette die Ideen!

Der berühmte Physiker **Isaac Newton**, der vor etwa 300 Jahren lebte, sagte einmal, dass man unter Energie auch die Fähigkeit einer Sache verstehen kann, Arbeit zu verrichten.

Wenn ihr zum Beispiel eine Banane esst, führt ihr eurem Körper Energie zu und könnt danach weiter rennen, höher springen oder auch besser denken.

Wenn ihr die Energie der Banane nicht nutzt, speichert sie sich in eurem Körper und steht euch für spätere Aktivitäten zur Verfügung. Wird zu viel Energie gespeichert und nicht genutzt, dann sieht man diese mit der Zeit als kleine Speckröllchen am Bauch.

 AUFGABE

Weitere wichtige Ideen, die Newton und seine Physikerkollegen im Laufe der Jahrhunderte hatten, dürfen nicht vergessen werden. Rette sie, indem du die nicht mehr leserlichen Teile der Notizen ergänzt.

ENERGIE GEHT NIE VERLOREN, SIE ÄNDERT NUR IHRE FORM: AUS LICHT WIRD ⬜, AUS WÄRME WIRD BEWEGUNG, AUS LICHT ODER BEWEGUNG WIRD STROM, AUS STROM WIRD WÄRME, LICHT ODER BEWEGUNG ... **7**

EIN FUßBALLER, DER SEINE ENERGIERESERVEN OPTIMAL NUTZT, SCHIEßT DEN BALL BIS GENAU EINE BALLBREITE ÜBER DIE TORLINIE, ALLES ANDERE WÄRE ENERGIEVER⬜ **8**

ENERGIEVERSCHWENDER MACHEN EINE VOLLBREMSUNG MIT DEM FAHRRAD: DIE ENERGIE, DIE IN FORM DES ⬜ EXISTIERT UND MÜHSAM ERSTRAMPELT WURDE, WIRD NICHT MEHR ZUR FORTBEWEGUNG GENUTZT. **2**

JE MEHR MASSE BESCHLEUNIGT WIRD, DESTO MEHR ENERGIE WIRD ⬜CHT. **1**

EINE TÄTIGKEIT ERFORDERT EINE HÖHERE LEISTUNG, WENN MAN DIESELBE ENERGIEMENGE IN KÜRZERER ZEIT AUFBRINGEN MUSS. EIN SCHÜLER ZEIGT GRÖßERE LEISTUNGEN, WENN ER DIE MATHEAUFGABEN IN KÜRZERER ZEIT RECHNET. UM DAS ZU SCHAFFEN, MUSS ER EIN STARKER RECHNER SEIN, GENAUSO WIE EIN AUTO MIT HÖHERER LEISTUNG EINEN STÄRKEREN ⬜ HAT. **9**

ES ERFORDERT MEHR ENERGIE, BEI GEGENWIND ZU RENNEN ODER AUCH MIT EINEM GROSSEN HUT AUF DEM KOPF ALS OHNE. DIE LUFT ⬜ EUCH AB, UND UM SCHNELL ZU BLEIBEN, MÜSST IHR IMMER EIN BISSCHEN MEHR ENERGIE AUFWENDEN ALS IHR DIES THEORETISCH OHNE LUFT MACHEN MÜSSTET. **6**

DIE ABBREMSUNG DURCH DIE LUFT, WASSER ODER FESTE GEGENSTÄNDE NENNT MAN ⬜ ODER WIDERSTAND. LUFT HAT DEN GERINGSTEN WIDERSTAND, DANN WASSER, DANN SIRUP ODER HONIG UND ZULETZT ALLE ⬜ GEGENSTÄNDE. **3**

JEDE BEWEGUNG ERFORDERT ⬜ **5**

 ACH, ÜBRIGENS:

„Was man nicht im Kopf hat, muss man in den Beinen haben", wurde schon deinen Großeltern von ihren Großeltern gesagt. Der Spruch bedeutet, dass man unnötig Energie durch viele Wege verbraucht, wenn man etwas vergisst und deshalb zurückgehen muss.

WENN MAN DEN GANZEN SCHULWEG RENNT, IST MAN AUS DER PUSTE, WENN MAN IHN TRÖDELT NICHT. OBWOHL MAN DIESELBE ⬜ MENGE BRAUCHT, HAT MAN MEHR ⬜ UND KANN SICH DIE GESPARTE ZEIT LANG AUSRUHEN. DER TRÖDLER KANN DAS NICHT, ER MUSS DIE GANZE ZEIT DURCHTRÖDELN (OHNE AUSZURUHEN). **4**

15 Von Kraftprotzen und Schlaumeiern (S.1)

„**Die Energie kannst du dir sparen....**", sagt man, wenn man denkt, dass etwas umsonst ist und sich nicht zu tun lohnt. Aber kann man wirklich Energie sparen, auch wenn wir irgendwohin gehen wollen? Na klar geht das – aber nur, wenn man ein bisschen trickst.

Und wie trickst man? Es gibt viele Kräfte, von denen wir auf den ersten Blick nichts mitbekommen. Die meisten Kräfte können wir nicht sehen, aber sie erleichtern oder erschweren uns die Arbeit. Wenn wir also schlau sind und diese Kräfte für uns nutzen, dann können wir unsere eigene Energie sparen. Die wichtigsten Kräfte zur Fortbewegung findest du in der Aufgabe:

MERKE

Die gesamte Energie, die wir brauchen, um von einem Ort zum anderen zu kommen, hängt davon ab, wie schwer wir sind und wie weit wir gehen wollen. Je schwerer wir sind und je weiter wir gehen wollen, desto mehr Energie brauchen wir.

AUFGABE

Ordne die Bilder den Definitionen zu und schreibe die entsprechende Zahl in die Kästchen:

1 Die **Bremskraft** kommt am Boden, im Wasser oder in der Luft vor. Eigentlich gibt es diesen Begriff nicht in dieser Form, der Einfachheit halber aber nennen wir so die Summe aus Reibungswiderstand und Strömungswiderstand, weil beide eine Bewegung abbremsen: Die Reibung sorgt dafür, dass wir nicht ausrutschen und anhalten können, der Strömungswiderstand ist so etwas wie ein Hindernis, welches erst beiseite gedrückt werden muss, bevor man vorbeischlüpfen kann (Luftmasse, Wassermasse).

2 Die **Fliehkraft (Trägheitskraft)** sorgt dafür, dass die einmal eingeschlagene Richtung einer Bewegung beibehalten wird. Will man die Richtung ändern, so muss man extra Energie aufbringen. Zum Anhalten muss man eine Gegenkraft in gleicher Größe aufwenden (die Bremskraft, man „bremst"). Die nicht benötigte Bewegungsenergie wird in Wärme umgewandelt.

3 Die **Erdanziehungskraft (Gravitationskraft)** hält die Dinge am Boden. Wenn man hoch springen, klettern oder steigen möchte, muss man extra Energie aufbringen, um sie zu überwinden. Wenn man hinunterspringt, dann setzt man diese Energie wieder frei (z.B. lässt sie das Wasser im Schwimmbad hochspritzen).

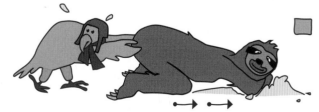

16 Von Kraftprotzen und Schlaumeiern (S.2)

AUFGABE

1 Kreuze an, wo du Energie sparst (**Schlaumeier**) oder Energie verschwendest (**Kraftprotz**).

2 Diskutiert eure Ergebnisse und begründet eure Entscheidungen. Könnt ihr die Aktivitäten den Kräften zuordnen, durch die ihr eure eigenen Kräfte spart oder die zusätzliche Kraftanstrengungen eurerseits erfordern (**Bremskraft (BK*), Fliehkraft (FK**), Erdanziehungskraft (EK***)**)?

Aktivität	Schlaumeier	Kraftprotz	BK *	FK **	EK ***
Beim Rennen mache ich besonders hohe Sprünge.	☐	☐	☐	☐	☐
Beim Weitsprung nehme ich Anlauf, bevor ich springe.	☐	☐	☐	☐	☐
Beim Schwimmen mache ich lange Züge und gleite viel.	☐	☐	☐	☐	☐
Beim Rad fahren fahre ich mit wenig aufgepumpten Reifen.	☐	☐	☐	☐	☐
Ich wachse die Kufen meines Schlittens regelmäßig.	☐	☐	☐	☐	☐
Ich ziehe Schuhe mit Gummisohlen an, wenn ich renne.	☐	☐	☐	☐	☐
Ich setze einen großen Hut auf, wenn ich renne.	☐	☐	☐	☐	☐

AUFGABE

Die Reibung ist dafür verantwortlich, dass wir mehr Energie zur Fortbewegung brauchen als theoretisch nötig. Also eigentlich eine dumme Sache? Nichts da, die Reibung ist super, denn stellt euch mal vor, wie die Welt ohne sie aussähe…

··> Alle rutschten ständig aus.

··> Streichhölzer zündeten nicht mehr.

··> Die Füller schrieben nicht mehr (denn die Tinte hielte nicht auf dem Papier).

··> Gummibärchen klebten nicht mehr an den Zähnen.

··> Haargel hätte keine Wirkung mehr.

··> Schnürsenkel gingen immer wieder auf.

Schreibt oder malt in den nebenstehenden Kasten weitere Ideen, wie die Welt ohne Reibung aussähe. Setzt jeweils neben die Sätze oder die Bilder ein Pluszeichen für Vorteile, die wir in einer Welt ohne Reibung hätten, oder ein Minuszeichen für Nachteile. Welche Zeichen überwiegen? Kommt ihr alle zu demselben Ergebnis?

17 Eine komische Olympiade

Die Bewohner des Planeten Wirrimkopf haben eine Olympiade organisiert. Alle möchten sich in den vier unten dargestellten Disziplinen messen. Altersbeschränkungen gibt es keine. **Gewinner der Olympiade ist, wer in den meisten Disziplinen jeweils die wenigste Energie zur Ausführung gebraucht hat.**

1 Disziplin: **Wettschwimmen**. Regeln: Alle Schwimmer müssen 100 m schwimmend zurücklegen. Worin und wie sie schwimmen ist egal.

AUFGABE

1 Als Punktrichter darfst du den Sportlern folgende Punkte verteilen: Einen Punkt erhält, wer am wenigsten Energie zur Ausführung der Disziplin benötigt hat, die beiden anderen erhalten jeweils 2 Punkte. Zähle anschließend die Punkte zusammen. Gewinner ist das Team mit der geringsten Punktzahl.

Der Sieger der Olympiade in Wirrimkopf ist

2 Disziplin: **Kirschkernweitspucken**. Regeln: Ein Kirschkern soll über die Ziellinie gespuckt werden.

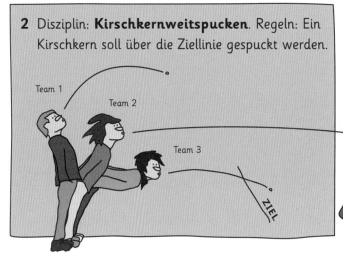

3 Disziplin: **Wettlaufen**. Regeln: Alle Teilnehmer rennen von Dorf 1 nach Dorf 5. Die Strecke ist nicht vorgegeben.

2 Diskutiert eure Ergebnisse und erklärt eure Entscheidung für den besten Sportler. Gibt es abweichende Meinungen in der Klasse? Wenn ja, warum?

4 Disziplin: **Rettungsübung**, Regeln: Ein Ball, der auf einem Baum gelandet ist, soll wieder heruntergeholt werden.

18 Schwer, schwerer, am allerschwersten....

➡ NOTIZ

Je _____ man ist, desto _____
Energie braucht man, um vorwärts zu kommen.

✎ AUFGABE

1 Sortiere die Tiere und Technologien zuerst nach ihrem Gewicht und dann nach den jeweiligen Geschwindigkeiten. Vergleiche die so entstehenden Reihenfolgen. Was stellst du fest? Warum sind die schwersten Tiere und Technologien nicht auch zugleich die langsamsten?

_____

_____

_____

2 Die Natur ist bekanntermaßen nicht dumm: Warum gibt es also schwere Tiere und leichte Tiere? Welche Vorteile kann es haben, ein großes und schweres Tier zu sein? Und welche Nachteile? Liste jeweils drei Antworten auf.

_____

_____

_____

_____

_____

3 Der Mensch und der Elefant sind etwa gleich schnell. Wer braucht mehr Energie, um vorwärts zu kommen?

☐ Der Mensch
☐ Der Elefant

4 Angenommen, Menschen und Elefanten verwerten die ihnen zugeführte Nahrungsenergie gleich gut. Wenn ein Mensch die Energie von drei Tafeln Schokolade pro Tag benötigt, wie viele Tafeln müsste dann ein Elefant täglich essen?

_____

_____

✔ FÜR SCHLAUKÖPFE

Die Dinosaurier sind vor 65 Millionen Jahren ausgestorben, nachdem aufgrund eines Meteoriteneinschlags nicht mehr genügend Futter zur Verfügung stand. Unsere Vögel sind aber direkte Nachfolger der Dinosaurier. Was meinst du, wieso haben gerade sie überlebt?

19 Leicht- und Schwergewichte

Wie viel Energie braucht man, um von A nach B zu kommen? Probiert es einmal selbst mit den folgenden Experimenten aus. Da euch der Energiezähler fehlt, der euch anzeigt, wie viel Energie ihr für eine Tätigkeit oder Bewegung verbraucht habt, könnt ihr als Näherungswert beobachten, wie sehr ihr aus der Puste gekommen seid. Je mehr das in einer vergleichbaren Zeitdauer der Fall ist, desto mehr Energie habt ihr für euer Experiment gebraucht.

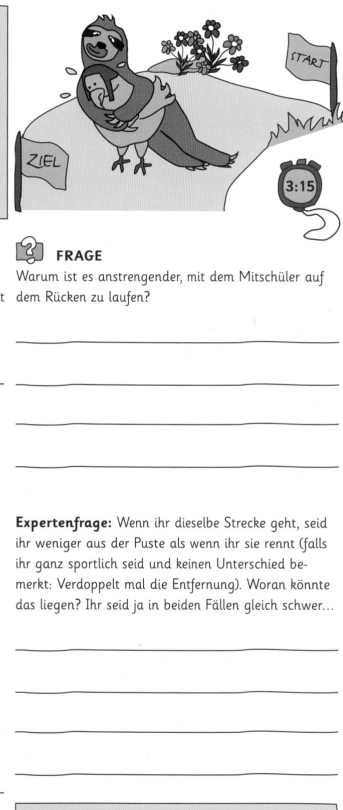

EXPERIMENTE

1 Markiert mit Kreide oder Stöcken eine Start- und Ziellinie einer etwa 20 m langen Strecke. Ein Kind stellt sich mit einer Stoppuhr an die Ziellinie und misst die Zeit, die ihr braucht, um die 20 m zu rennen.

Am schnellsten war _____

2 Nun nehmt jeweils ein anderes Kind **Huckepack** und rennt dieselbe Strecke. Was passiert?

Ihr wart
- [ ] schneller
- [ ] gleich schnell
- [ ] langsamer

Die Strecke zu rennen, war
- [ ] anstrengender
- [ ] gleich anstrengend
- [ ] weniger anstrengend

? FRAGE

Warum werdet ihr langsamer, wenn ihr die Strecke mit einem Mitschüler auf dem Rücken rennt?

_____

_____

_____

_____

? FRAGE

Warum ist es anstrengender, mit dem Mitschüler auf dem Rücken zu laufen?

_____

_____

_____

_____

Expertenfrage: Wenn ihr dieselbe Strecke geht, seid ihr weniger aus der Puste als wenn ihr sie rennt (falls ihr ganz sportlich seid und keinen Unterschied bemerkt: Verdoppelt mal die Entfernung). Woran könnte das liegen? Ihr seid ja in beiden Fällen gleich schwer...

_____

_____

_____

_____

_____

⇨ NOTIZ

Je _____ man ist, desto _____ Energie braucht man, um vorwärts zu kommen!

20 Weit, weiter, am allerweitesten...

Normalerweise sind wir mobil, um von einem Ort zum nächsten zu gelangen. Das tun wir in der Regel nicht aus Spaß, sondern um einzukaufen, Freunde zu treffen oder zur Schule zu fahren. Manchmal fahren wir auch in den Urlaub, um uns zu erholen, oder gehen am Sonntag spazieren, um den Eltern einen Gefallen zu tun.

MERKE

Jeder Weg benötigt Energie, entweder unsere Muskelenergie oder eine geborgte Energie in Form von Kraftstoffen in unseren Transportmitteln. Wir nutzen für 2 von 3 Wegen Verkehrsmittel, die mit geborgter Energie fahren (Autos, Busse, Bahn und Flugzeuge). Für diese geborgte Energie müssen wir bezahlen und es entstehen dabei Abgase (u.a. Kohlenstoffdioxid, das verantwortlich für den Klimawandel ist).

Und jetzt haltet euch fest: Jeden Tag werden 270.000.000 Wege in Deutschland zurückgelegt, das sind 3 bis 4 Wege pro Person (Babys und Großeltern eingerechnet). Davon werden über die Hälfte mit dem Auto erledigt, und nicht einmal ein Viertel zu Fuß. Dabei sind wir im Durchschnitt nur 80 Minuten am Tag mobil und legen eine Strecke von

fast 40 km zurück. Also _____ km pro Minute; das ist eine Durchschnittsgeschwindigkeit von _____ km/h!

Rechnung:

Merkwürdig ist, dass Männer die weitesten Strecken zurücklegen: mit 46 km täglich fast doppelt so viel wie Kinder und Jugendliche zwischen 10 und 17 Jahren. Woran könnte das liegen?

_____

_____

Vor 30 Jahren betrug die durchschnittliche Weglänge pro Person und Tag nur knapp 27 km, also 13 km weniger als heute. Das ist eigenartig, aber eine mögliche Erklärung hierfür ist, dass

_____

_____

AUFGABE

Im Jahr 2007 hat man einer **Pfuhlschnepfe** einen Peilsender angeheftet, um ihren Flug ins Winterquartier zu verfolgen. Die Strecke zwischen Alaska und Neuseeland (11.500 km) flog sie ohne Unterbrechung. Vergleiche diese Leistung mit der des Menschen, der täglich nur etwa 40 km zurücklegt und hierzu noch ein Auto braucht: Wie viele Tage wäre der Mensch unterwegs, um dieselbe Strecke zurückzulegen? Käme er noch im Winter an, wenn er am 1. September startete?

Der Mensch ist im Vergleich zur Schnepfe ziemlich bewegungsfaul, er bräuchte etwa _____ Tage, um dieselbe Entfernung zurückzulegen.

Rechnung:

Wäre die **Schnepfe** ähnlich mobil wie der Mensch, würde sie es ☐ schaffen ☐ nicht schaffen, zum Frühlingsanfang (20. März) im Winterquartier einzutreffen.

21 Kilometerzähler Experiment

Wie viel Energie braucht man, um von A nach B zu kommen? Das hängt natürlich davon ab, wo A und wo B ist; genauer gesagt: Wie weit A von B entfernt ist. Denn im Allgemeinen kann man sagen, dass doppelte Entfernungen auch doppelt so viel Energie erfordern. Natürlich mit vielen Ausnahmen, und die wichtigste dabei ist: Das gilt nur für eine ebene Strecke, denn wenn man einen Berg oder eine Treppe hoch läuft, braucht man extra Energie zur Überwindung des Höhenunterschieds.

Für das folgende Experiment benötigt ihr ein Skateboard oder ein Brett mit Rollen (wenn beides nicht vorhanden ist, reicht auch ein einzelner Rollschuh).

EXPERIMENT

1 Sucht euch eine Strecke mit glatter Oberfläche (keine Erde) aus und messt ab, wie lang sie ist. Markiert jeweils Start- und Ziellinie mit Kreide oder einem kleinen Stock. Dann verdoppelt die Entfernung der Strecke und markiert auch die neue Ziellinie.

2 Fahrt nun mit dem Skateboard von der Startlinie bis zur ersten Markierung. Wie oft musstet ihr euch mit dem Fuß abstoßen, um die erste Markierung zu erreichen?

_____

3 Nun schätzt: Wie oft müsst ihr euch mit dem Fuß abstoßen, wenn ihr gleich die doppelte Strecke zurücklegt?

☐ Doppelt so oft
☐ Weniger als doppelt so oft
☐ Mehr als doppelt so oft

4 Geht zurück zur Startlinie und fahrt nun die gesamte Strecke. Habt ihr mit eurer Vermutung richtig gelegen?

☐ Ich lag richtig (Gratuliere!)
☐ Ich habe die Anzahl unterschätzt
☐ Ich habe die Anzahl überschätzt

Die richtige Antwort ist:

Man muss sich _____ oft mit dem Fuß abstoßen, wenn man eine doppelt so lange Strecke mit dem Skateboard zurücklegen möchte.

Warum ist das so?

_____

_____

_____

 TIPP

Um die Frage beantworten zu können, probiert Folgendes aus: Nehmt Schwung mit dem Skateboard und fahrt gegen einen Stein oder eine Bordsteinkante. Was passiert und warum? Wenn ihr das herausbekommen habt, fällt euch die Antwort auf die Frage sicherlich ganz leicht…

NOTIZ
Je _____ man fährt, desto _____ Energie braucht man für die Strecke!

22 Schnell, schneller, am allerschnellsten... (S.1)

Wir Menschen bewegen uns erst richtig schnell von einem Ort zum anderen, seit wir angefangen haben, Technologien wie das Auto, Flugzeug oder die Raumrakete zu erfinden und zu nutzen. Vorher war das Leben recht übersichtlich: Man ist nicht allzu weit am Tag vorangekommen und alle Besorgungen, die man erledigte, lagen mehr oder weniger vor der eigenen Haustür.

 AUFGABE

1 Sortiere die Tiere und Technologien bzw. Tätigkeiten von langsam nach schnell und klebe sie auf der Folgeseite in die richtige Reihenfolge. Einige Tiere, Menschen und Technologien darfst du selbst unten in die weißen Kästchen malen.

2 Woran liegt es, dass manche Tiere schneller sind als andere? In welchen Situationen ist es günstig, schnell zu sein? Gibt es Situationen, in denen es egal ist, wie schnell man ist?

_____

_____

_____

 ACH, ÜBRIGENS:
Der schnellste Flieger ist die **Amerikanische Hirschbremse**. Dummer Name, denn mit Bremsen hat dieses Insekt wahrlich nichts am Hut: Es kann kurzfristig eine Geschwindigkeit von 1.300 Stundenkilometern erreichen und ist damit schneller als ein Jumbojet oder die Schallgeschwindigkeit. Leider existieren keine Fotos von diesem Tier, dazu ist es wohl zu schnell...

Löwe	Mensch (gehend)	Mücke	Raumfähre ISS	Feuerqualle

23 Schnell, schneller, am allerschnellsten... (S.2)

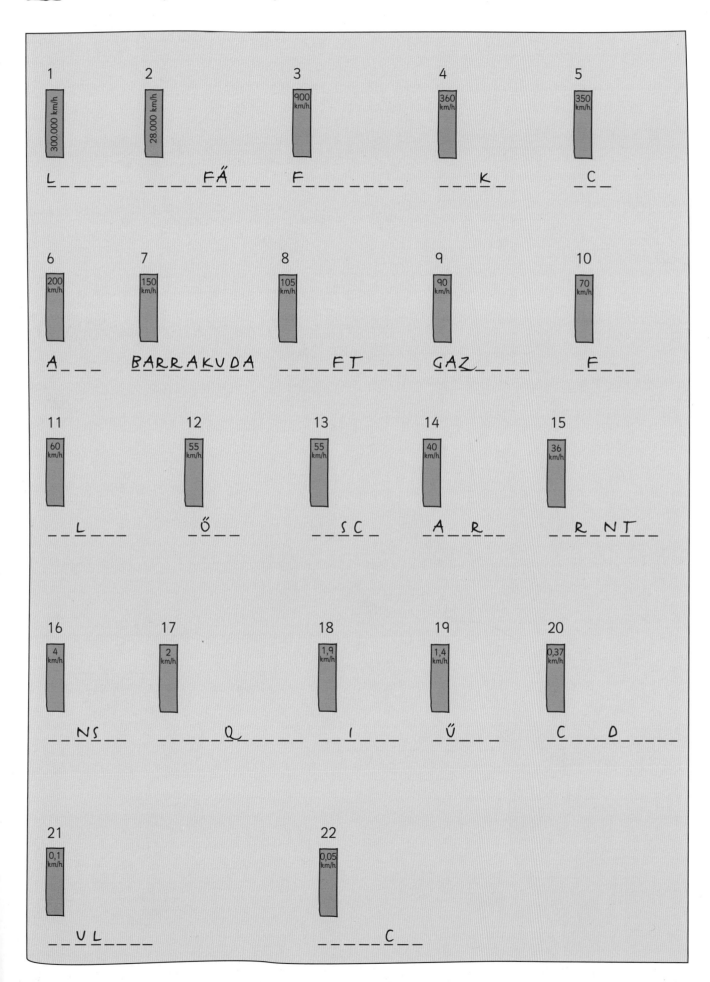

1 300.000 km/h
L _ _ _ _ _

2 28.000 km/h
_ _ _ _ FÄ _ _ _

3 900 km/h
F _ _ _ _ _ _ _

4 360 km/h
_ _ _ K _

5 350 km/h
_ C _

6 200 km/h
A _ _ _

7 150 km/h
BARRAKUDA

8 105 km/h
_ _ _ _ FT _ _ _ _

9 90 km/h
GAZ _ _ _ _

10 70 km/h
_ F _ _ _

11 60 km/h
_ _ L _ _ _

12 55 km/h
_ _ Ő _ _

13 55 km/h
_ _ S C _ _

14 40 km/h
_ A _ R _ _

15 36 km/h
_ _ _ R _ NT _ _

16 4 km/h
_ _ NS _ _ _

17 2 km/h
_ _ _ _ _ Q _ _ _ _ _

18 1,9 km/h
_ _ _ I _ _

19 1,4 km/h
_ Ű _ _ _

20 0,37 km/h
_ C _ _ D _ _ _ _

21 0,1 km/h
_ _ V L _ _ _

22 0,05 km/h
_ _ _ _ _ C _ _

24 **Rennfahrer**  Experiment

> **Wie viel Energie braucht man, um von A nach B zu kommen?** Das ist nicht nur von eurem Gewicht und der Entfernung zwischen Start- und Zielort abhängig, sondern auch von der Technik oder der Art, wie ihr euch vorwärts bewegt.
>
> Für die folgenden Experimente benötigt ihr ein Fahrrad. Am besten eins mit einer gut funktionierenden Hinterradbremse – warum, das erfahrt ihr noch. Los geht 's... Helm aufsetzen nicht vergessen!

EXPERIMENT I

1 Markiert mit Kreide oder Stöcken eine Start- und Ziellinie einer etwa 100 m langen Strecke. Ein Kind stellt sich mit einer Stoppuhr an die Ziellinie und misst die Zeit, die ihr braucht, um die 100 m mit dem Fahrrad zu fahren.

Am schnellsten war _____ , er/sie hat _____ Sekunden gebraucht.

2 Das schnellste Rennfahrerkind darf nun noch einmal die Strecke fahren. An der Ziellinie soll es bremsen. Gebremst wird natürlich mit der Hinterradbremse oder mit beiden Handbremsen gleichzeitig, DENN SONST

_____

3 Sobald euer Rennfahrerkind im Ziel angekommen ist, könnt ihr mal die Bremsklötze fühlen. Was fällt euch auf?

Die Bremsklötze, die zum Bremsen verwendet wurden, sind _____

4 Warum ist das so? Hat das Rennfahrerkind

☐ mehr
☐ weniger
☐ genau richtig viel

Energie aufgewendet, um die Strecke von A nach B zu fahren? Für was alles hat es Energie gebraucht?

_____

_____

EXPERIMENT II

Nun dürfen noch einmal drei Kinder die Strecke mit dem Fahrrad fahren: eins ganz langsam und zwei so schnell sie können (das sind eure drei Versuchskaninchen). Der Rest von euch spielt Forscher, und versucht herauszubekommen, wie man am besten Energie spart. Dazu müsst ihr die Versuchskaninchen beobachten (das meiste lernt man nämlich durch einfaches Hinsehen!). Was fällt euch an der Haltung der Rennfahrer auf?

Die Rennfahrer _____

_____

> ➡ **NOTIZ**
>
> Je _____ man ist, desto _____ Energie braucht man, um vorwärts zu kommen! Das merkt man aber nur, wenn man sehr schnell ist, da einen dann die _____ bremst.

Expertenfrage: Ob man 50 m sprintet oder geht – man ändert seine Haltung nicht wesentlich. Trotzdem ist es anstrengender, 50 m zu rennen statt zu gehen. Die Entfernung ist in beiden Fällen dieselbe, euer Gewicht und die Körperhaltung ebenso. Wenn ihr als Näherungswert annehmt, dass ihr umso mehr aus der Puste seid, je höher euer Energieverbrauch ist, dann müsstet ihr beim 50 m Sprint mehr Energie verbraucht haben, oder?

Falsch, denn _____

_____

_____

25 Zappelalphabet

 AUFGABE

Finde zu jedem Buchstaben im Zappelalphabet eine Art der Bewegung. Welche Bewegungsarten sind typisch für Tiere, welche für Menschen? Male ein Kreuz in die entsprechenden Spalten (T = Tier und M = Mensch) und nenne je ein Beispiel. Für welche Art der Bewegung benötigen wir Menschen ein Transportmittel?

	Art der Bewegung	T	M	Beispiel	Transportmittel
A					
B					
C					
D					
E					
F	Fliegen	x	x	Vogel	Flugzeug
G					
H					
I					
J					
K					
L					
M					
N					
O					
P					
Q					
R					
S					
T					
U					
V					
W					
X					
Y					
Z					

 ACH, ÜBRIGENS:

Es gibt Forscher, die nach der energieärmsten Art der Fortbewegung zu Lande, in der Luft und im Wasser suchen. Wenn sie sich in der Natur nach Ideen umsehen, dann nennt man sie **Bioniker**. Da die Natur seit Jahrmillionen darauf ausgerichtet ist, möglichst wenig Energie für das Überleben der einzelnen Arten zu benötigen, kann man hier die energiesparendsten Möglichkeiten der Fortbewegung finden.

26 | Transportmittel gesucht!

Wir sind mobil, um einen Weg oder einen Raum — einen dreidimensionalen Weg sozusagen — in einer bestimmten Zeit zu durchqueren.

Warum wir das tun wollen, bestimmt im Wesentlichen, **wie** wir es machen. Und wie wir es machen, beeinflusst wiederum stark, **welche Umweltauswirkungen** damit verbunden sind.

Dabei gibt es nie nur **ein** mögliches Transportmittel, wir haben immer die Auswahl zwischen verschiedenen Alternativen:

1 Es gibt Transportmittel, um auf dem **Land** vorwärts zu kommen, und welche, um sich im **Wasser** oder in der **Luft** fortzubewegen.

Land: _____

Wasser: _____

Luft: _____

2 Es gibt **schnelle und langsame Transportmittel** — beide benötigen unterschiedlich viel Zeit für die Durchquerung des Raums. Manchmal ist Schnelligkeit wichtig, manchmal nicht.

langsam: _____

schnell: _____

 ACH, ÜBRIGENS:

Nicht immer können wir wählen, welches Transportmittel wir benutzen: Für eine Brasilien-Reise bleibt uns nur das Flugzeug, da ein Schiff dorthin fast länger braucht als wir Urlaub haben. Das „Wie" ist jedoch häufig eng an das „Warum" gekoppelt: Warum fahren wir so weit in den Urlaub? Wir könnten auch ans Mittelmeer oder in die Berge reisen… Ihr seht, auch beim „Warum" gibt es alternative Möglichkeiten, energiesparend unterwegs zu sein!

Die **Schnelligkeit des Transportmittels** ist nicht so wichtig, wenn

··> der Weg/die Raumstrecke ☐ kurz ☐ lang ist.
··> man ☐ viel ☐ wenig Zeit hat.

3 Jedes Transportmittel braucht unterschiedlich viel Energie für dieselbe Strecke. Am **wenigsten Energie** benötigen die Transportmittel, die mit **Muskelkraft** betrieben werden.

Schätze: Welches Transportmittel braucht am **wenigsten Energie** je transportierter Person?

Bei Kurzstrecken:
☐ Fahrrad ☐ Auto ☐ Bahn

Bei Langstrecken:
☐ Auto ☐ Bahn ☐ Flugzeug

 AUFGABE

Eine alternative Möglichkeit der Mobilität ist die **„virtuelle Mobilität"**: Sie bedeutet, dass Dinge oder Tätigkeiten, die früher einen echten Transport erforderten, nun über Kommunikationsmedien wie Telefon, Internet etc. erfolgen. Das hat den Vorteil, dass Energie gespart werden kann, da keine realen Transportmittel mehr eingesetzt und bewegt werden müssen.

Fallen dir Situationen ein, in denen du heutzutage bereits „virtuell" in der Welt unterwegs bist?

Antwort: _____

_____

_____

_____

27 Alles ist relativ!

Fitz und Fred streiten sich schon den ganzen Vormittag darüber, was die **beste Art der Fortbewegung** ist. Während Fitz das Fliegen bevorzugt, findet Fred, dass (wenn man sich schon bewegen muss) man am besten zu Fuß geht.

 AUFGABE

Was ist deiner Meinung nach das beste Transportmittel und warum?

Auch bei den Menschen scheiden sich bekanntlich die Geister an der Frage, welches Transportmittel das beste ist. Und Menschen haben ja noch viel mehr Möglichkeiten der Fortbewegung als die Tiere ...

---

2 So, und nun genauer nachgefragt:
Was ist die beste Fortbewegungsart für den Fall, dass

... du **schnell** von A nach B kommen willst?
☐ Auto ☐ Fahrrad ☐ Flugzeug ☐ Bahn ☐ zu Fuß

... du **klimafreundlich** unterwegs sein möchtest?
☐ Auto ☐ Fahrrad ☐ Flugzeug ☐ Bahn ☐ zu Fuß

... du mit **vielen Freunden** unterwegs bist?
☐ Auto ☐ Fahrrad ☐ Flugzeug ☐ Bahn ☐ zu Fuß

... du **viel zu schleppen** dabei hast?
☐ Auto ☐ Fahrrad ☐ Flugzeug ☐ Bahn ☐ zu Fuß

3 Na, merkst du schon etwas?
Wenn nicht, dann antworte mal hierzu:

Du willst schnell von A nach B kommen –
zum Bäcker im Nachbarhaus:
☐ Auto ☐ Fahrrad ☐ Flugzeug ☐ Bahn ☐ zu Fuß

Du willst klimafreundlich unterwegs sein –
nach Italien:
☐ Auto ☐ Fahrrad ☐ Flugzeug ☐ Bahn ☐ zu Fuß

Du willst mit vielen Freunden unterwegs sein –
die alle woanders wohnen:
☐ Auto ☐ Fahrrad ☐ Flugzeug ☐ Bahn ☐ zu Fuß

Du hast viel zu schleppen dabei –
aber kein Geld für ein Ticket oder Benzin:
☐ Auto ☐ Fahrrad ☐ Flugzeug ☐ Bahn ☐ zu Fuß

Vergleiche deine Antworten.
Woran liegt es, dass du je nach Situation unterschiedliche Transportmittel gewählt hast?
Und vor allem: Wie würdest du nun die Eingangsfrage nach dem besten Transportmittel beantworten?

---

28 Doofe Helden?

Vor etwas mehr als 2.200 Jahren lebte ein Mann namens **Hannibal**. Er kam aus Karthago in Nordafrika und führte einen berühmten Feldzug gegen die Römer: Den 2. Punischen Krieg. Kriege gab es ja leider viele im Laufe der Menschheit, aber dieser Feldzug war anders: Hannibal hat – zur Überraschung der Römer – Italien nicht mit Schiffen angegriffen, sondern marschierte mit **37 Elefanten über die Alpen**. Er brauchte insgesamt fast ein Dreivierteljahr, bis er über Spanien und Frankreich Italien erreichte.

Das war damals ungeheuerlich – die Menschen in Europa kannten Elefanten nicht und hatten schreckliche Angst vor den großen Tieren. Das ist natürlich ein Vorteil, aber wie sieht es mit dem Aufwand aus, den der Transport von 37 Elefanten über die Alpen bedeutet?

Ein Elefant frisst am Tag etwa 200 kg Blätter, Zweige und Gras. Das Futter spült er mit ungefähr 100 l Wasser täglich hinunter. Bei 37 Elefanten bedeutet das _____ kg Futter und _____ l Wasser am Tag. Und wenn man über die Alpen spaziert, dann dauert das länger als einen Tag: So ungefähr 15 Tage* hat Hannibal wohl benötigt. Das sind also insgesamt_____ kg Futter, die Hannibal auf Ochsenrücken mitgeschleppt hat, und _____ l Wasser, um genügend Energie für seine Elefanten zu besitzen.

AUFGABE

Ein Riesenaufwand, den Hannibal da mit seinen Elefanten veranstaltet hat – mit Pferden, Eseln oder Ochsen wäre die Alpenüberquerung bestimmt einfacher gewesen, da diese leichter sind und weniger Energie in Form von Futter benötigen. Energetisch gesehen ist es unsinnig, 7.000 kg schwere Tiere die engen Alpenpässe entlangzuführen.

* Elefanten sind zwischen 5 und 10 km/h schnell, wenn sie nicht rennen müssen. In den Alpen waren sie bestimmt langsamer, weil der Weg steil und schwierig zu begehen war. Da sie täglich ungefähr 16 Stunden nur mit Fressen verbringen, sind sie bestimmt nicht mehr als 10–20 km am Tag vorwärts gekommen.

1 Was meint ihr: **War Hannibal ein doofer Held?** Wenn nicht, warum war er der Meinung, dass die Idee mit den Elefanten gut war?

_____

_____

_____

2 Was sagt Hannibals Feldzug über die Verwendung von Transportmitteln aus? Ist der Energieverbrauch der einzige Grund, warum man sich für oder gegen ein Transportmittel entscheidet?

☐ Ja ☐ Nein

3 Wenn du bei Aufgabe 2 mit „Nein" geantwortet hast, notiere hier mögliche andere Gründe:

_____

_____

_____

_____

_____

29 Einmal rund um die Welt

Seit fast 500 Jahren machen sich immer wieder Menschen auf den Weg, die Welt zu umrunden. Zuerst schaffte es die Mannschaft des Portugiesen **Ferdinand Magellan** – sie umrundete die Welt mit dem Segelschiff innerhalb von drei Jahren (1519-1522). Nachdem Weltumsegelungen nichts Besonderes mehr waren, kam ein Engländer namens **Thomas Stevens** 1884 auf die Idee, die Welt per Fahrrad zu umrunden. Er brauchte anderthalb Jahre und musste die Hälfte des Weges sein Fahrrad schieben, weil es sich unterwegs als ungeeignet für Bergabfahrten erwies (es hatte ein zu großes Vorderrad). Und dort, wo Wasser die Kontinente voneinander trennte, fuhr er natürlich mit dem Schiff.

Etwa 50 Jahre später (1933), wurde die Weltumrundung deutlich bequemer: Der Amerikaner **Wiley Post** flog als erster Mensch in sieben Tagen im Flugzeug alleine um die Welt. Und 1961 gelang es dem russischen Kosmonauten **Juri Gagarin,** in nur 108 Minuten die Erde mit einem Raumschiff zu umkreisen. Das war natürlich deutlich schneller als der Amerikaner **Dave Kunst**, der neun Jahre später aufbrach, die Welt zu Fuß zu umrunden und erst 4 Jahre und 21 Paar Schuhe später wieder nach Hause kam.

 AUFGABE

1 Von den oben genannten Personen sind nur Magellan und Gagarin wirklich berühmt geworden. Was sagt euch das über **die Mobilität der Menschen früher und heute?**

| früher | Welt | Hecke | Faulheit | weitere | kürzere | schwieriger | Raumfahrt | einfacher |
| Weltumsegelung | Anstrengung | Mülleimer | Besonderes | heute | mehr | wenig | Weltraum |

Berühmt wird man, wenn man etwas _____ macht. Magellan hat als Erster die _____

umrundet und Juri Gagarin war der erste Mensch im _____. Genauso wie wir heute die

_____ als etwas Besonderes sehen, haben die Menschen früher ihren Hut vor der _____ ge-

zogen. Das bedeutet, dass die Menschen _____ nicht so viel in der Welt herumgekommen sind, genauso

wie wir _____ nicht so viel im Weltraum herumkommen. Die Menschheit legt also immer _____

Strecken zurück oder anders gesagt: Immer _____ Menschen legen weite Strecken zurück, weil es immer

_____ wird, sich ohne große eigene _____ fortzubewegen.

2 Welche **Energie** wurde jeweils zur Umrundung der Erde verwendet?

 per _____ , **Magellan:** _____ und _____

 per _____ , **Stevens*:** _____

 per _____ , **Post:** _____

 per _____ , **Gagarin:** _____

per _____ , **Kunst*:** _____

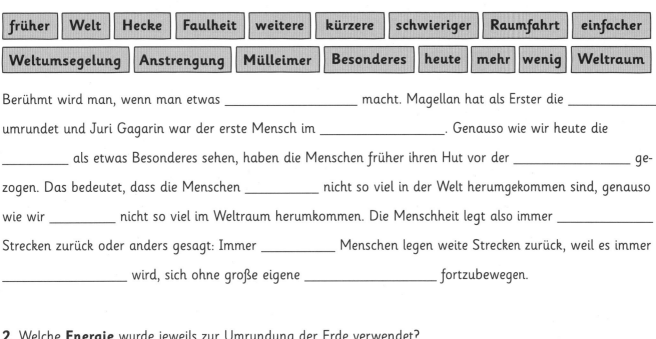

3 Wer hat sich am wenigsten bei seiner Weltreise bewegt und warum?

_____

* Natürlich nutzten Stevens und Kunst zusätzlich das Schiff, um über die Meere zu gelangen.

30 „Früher war alles anders", sagt Oma

 AUFGABE

Wenn es draußen stürmt und schneit, macht Oma Feuer im Kamin und fängt an, von früher zu erzählen. Mittlerweile bringt sie einiges durcheinander und manches ist komplett erfunden. **Findet in ihrer Geschichte die sieben Fehler** und bringt Oma wieder auf die richtige Spur. Nehmt dafür die untenstehende Zeitleiste zu Hilfe.

„Wo war ich das letzte Mal stehen geblieben? Egal... Heute will ich euch davon erzählen, wie die Menschen früher gelebt haben, ohne Auto und Flugzeug. So etwas brauchten sie gar nicht, denn sie kamen nicht so viel herum in der Welt wie ihr heutzutage. Früher hat man keinen Urlaub in fernen Ländern gemacht, höchstens auf dem Land in der Region. Und auch die täglichen Wege zum Einkaufen oder zur Arbeit waren viel kürzer.

Als ich in eurem Alter war, gab es nicht so viele Autos wie heute. Und das ist noch gar nicht so lange her – ja, da braucht ihr gar nicht zu lachen. Trotzdem hat sich schon Julius Cäsar vor mehr als 2000 Jahren über den starken Verkehr aufgeregt und alle Fahrzeuge aus dem Stadtzentrum von Rom verbannt, um Staus zu vermeiden. Da sind die Römer einfach aufs Fahrrad umgestiegen, denn laufen wollten sie nicht. Aber das ist lange her. Und gelernt haben die Menschen trotzdem nichts.

Heutzutage besitzt in Deutschland schon jeder der etwa 65 Millionen Erwachsenen ein Auto. Wo die alle hin sollen, frage ich mich. Wenn man die Autos alle hintereinander stellt und sich mein alter Kopf nicht verrechnet hat, dann ergibt sich eine Schlange von etwa 184.000 km, weil ja jedes Auto ungefähr 4 m lang ist. Wenn das Cäsar wüsste, der würde sich im Grab umdrehen. Aber warum erzähle ich euch das alles...? Ach ja, früher haben wir das alles nicht gebraucht. Wir sind viel mehr gelaufen als ihr heutzutage – ja, auch bei einem solchen Wetter wie heute. Oder mit der Postkutsche zur Schule gefahren. Die Eisenbahn war ja noch nicht erfunden und damit gab es auch noch keine Straßenbahnen, damals.

Euer Opa hat übrigens 1950 das erste Flugzeug erfunden und stand deshalb auf der Titelseite in allen Zeitungen. Es wurde mit Schwänen angetrieben, die er in mühseliger Arbeit aus dem See hinter dem Wald gefangen hat. Aber irgendwelche Tierschützer haben ihm dann einen Strich durch die Rechnung gemacht und seine Erfindung wurde verboten. Obwohl sie auf jeden Fall klimafreundlicher war als die modernen Flugzeugantriebe heutzutage.

Apropos modern: Wo sind denn eigentlich eure neuen Fahrräder, wolltet ihr sie mir nicht heute vorführen? Na, dann halt nächstes Mal, wenn etwas weniger Schnee liegt. Diese Jugend von heute..."

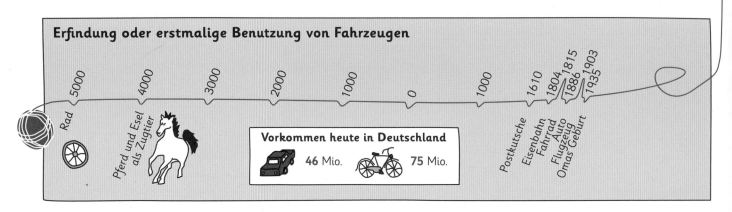

Erfindung oder erstmalige Benutzung von Fahrzeugen

Rad 5000 · Pferd und Esel als Zugtier 4000 · 3000 · 2000 · 1000 · 0 · 1000 · Postkutsche 1610 · Eisenbahn 1804 · Fahrrad 1815 · Auto 1886 · Flugzeug 1903 · Omas Geburt 1935

Vorkommen heute in Deutschland
46 Mio. · 75 Mio.

31 Nachhilfe für den Homo Sapiens (S.1)

Der Mensch ist schlauer als die Tiere, denkt ihr?
Na, da liegt ihr aber weit daneben! Zumindest, was die energiesparende Mobilität angeht, sind uns die Tiere weit voraus. Deshalb haben die Forscher vor einigen Jahren damit begonnen, sich Ideen aus dem Tierreich zu klauen. Bioniker nennt man diese Leute, ihre Wissenschaft heißt demnach **Bionik**, und in der Bionik ist Klauen nicht nur erlaubt, sondern ausdrücklich erwünscht!

Ein Forschungsfeld der Bionik ist die Energie. Geklaut werden dort insbesondere Ideen, die uns zeigen, wie man mit möglichst wenig Energie möglichst viel machen kann. Darin sind die Tiere nämlich im Gegensatz zu uns Weltmeister.

Der Mensch bewegt sich vorwärts, indem er
⋅⋅> läuft oder rennt
⋅⋅> schwimmt oder taucht
⋅⋅> sitzt

...Sitzt? Wenn man sitzt, bewegt man sich doch nicht vorwärts, oder?
Doch, die meiste Zeit unseres Lebens bewegen wir uns im Sitzen vorwärts: Wenn wir fahren und fliegen oder wenn wir uns fahren und fliegen **lassen** – in der Regel nutzen wir hierzu ein Transportmittel. Außer beim Fahrradfahren oder Laufen müssen wir uns Energie borgen und mit dieser nicht nur uns, sondern auch unser Transportmittel bewegen.

 AUFGABE

1 Rechne aus, wie viel Energie aufgewendet werden muss, um 1.000 m mit einem bestimmten Transportmittel zurückzulegen. Zum Vergleich der Zahlen rechne den jeweils angegebenen Energiebedarf in eine einheitliche Größe (kWh) um.

Eine kWh sind
3.600 kJ oder etwa 0,1 l Benzin/Kerosin

⋅⋅> Ein Kind wiegt 40 kg und rennt die Strecke mit 160 kJ Energie = _____ kWh
⋅⋅> Ein Kind und sein Fahrrad wiegen zusammen etwa 55 kg und benötigen etwa 55 kJ = _____ kWh
⋅⋅> Ein Autofahrer und sein Auto wiegen zusammen mehr als 1.000 kg und verbrauchen etwa 0,08 l Benzin = _____ kWh
⋅⋅> Ein Tourist und sein Flugzeug wiegen zusammen mehr als 300.000 kg und verbrauchen im Idealfall (Streckenflug) etwa 0,04 l Kerosin je Passagier = _____ kWh
⋅⋅> Zum Vergleich: Ein ICE, der schneller als 200 km/h fährt, verbraucht bei durchschnittlicher Auslastung 0,26 kWh, ein EC/IC nur 0,19 kWh.

ACH, ÜBRIGENS:
Ein Elefant wiegt 7000 kg, Fred Faultier etwa 8 kg und Oma wiegt mit Kleidung 60 kg. Wenn wir mit dem Auto unterwegs sind, ist das vom Gewicht etwa so, als hätten wir **20 Omas auf dem Gepäckträger**. Verrückt, oder?

Expertenfrage
Warum braucht man mit dem Fahrrad nicht mehr, sondern weniger Energie als zu Fuß, obwohl man doch eigentlich schwerer ist?

32 # Nachhilfe für den Homo Sapiens (S.2)

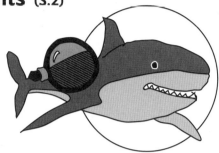

AUFGABE
Die Bioniker haben sich bei vielen Tieren Ideen zur Energie sparenden Fortbewegung geklaut. Ordnet Tiere, Texte und Technologien einander zu. Wer lieferte welche guten Ideen?

Beide sind dicklich gebaut und trotzdem sehr schnell im Wasser. **Aufgrund ihrer Körperform haben sie einen sehr niedrigen Widerstandsbeiwert**, denn das Wasser strömt gut an ihnen vorbei und bremst sie nicht unnötig ab.

Um Energie zu sparen, lassen sie sich vom Wind tragen. Da man normalerweise beim Gleiten an Höhe verliert, **nutzen sie beim Segelflug die aufsteigende warme Luft**, um ohne eigene Kraftanstrengung (also ohne die Flügel zu bewegen) wieder an Höhe zu gewinnen. Ein Flug zum Nulltarif!

Unter einer starken Lupe betrachtet besteht seine Hautoberfläche aus **gerillten Schuppen, die besonders gut das Wasser vorbei lassen** und so den Widerstand verringern – ein Schnellschwimmer ohne große Kraftanstrengung!

Sie markieren ihre Wege und sie entscheiden sich für die Richtung, die von ihren Vorgängern am häufigsten markiert wurde. Da ein Weg umso häufiger benutzt (und damit markiert) wird, je kürzer er ist, bildet sich schnell eine _____straße. So spart die gesamte Kolonie Energie, indem sie den **direktesten Weg zwischen Nest und Nahrung** findet.

Nachtfliegende Vögel sind oft in Gefahr, irgendwo anzustoßen. Sie besitzen daher einen schlau konstruierten Kopf: Ein **mehrlagiges Knochengerüst** mit vielen Lufteinschlüssen federt Stöße gut ab, ohne dabei zu Bruch zu gehen. Er hat durch die viele Luft ein sehr geringes Gewicht.

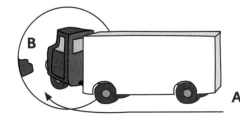

B **A**

ACH, ÜBRIGENS:
Wie Fred Faultier gehen die meisten Tiere keine unnötigen Wege, um ihre Reserven zu sparen – ein Vorbild für uns Menschen!

33 Wie kommt die Energie ins Fahrzeug?

Alle Transportmittel, ob Fahrrad, Auto, Bahn oder Flugzeug, benötigen Energie, um vorwärts zu kommen. Diese Energie wird mit Kraftstoffen in die Fahrzeuge gebracht und dort von den Fahrzeugen in Bewegungsenergie umgewandelt.

 AUFGABE

Professor Chaos, der berühmte Onkel von Fred Faultier, hat mal wieder seinen Schreibtisch aufgeräumt. Da er jedoch zu faul war, die Informationen auf seinem Tisch zu lesen, hat er sie einfach der Größe nach sortiert.

Dabei sind wichtige Dinge durcheinander geraten. Helft ihm, ein wenig Ordnung in sein Leben zu bringen und **verbindet die Informationen**, damit die Aussagen wieder einen Sinn ergeben.

Erdöl	wird in Autos verbrannt.
Diesel	wird in Autos verbrannt.
Diesel	wird in Autos verbrannt.
Benzin	wird in Autos verbrannt.
Benzin	wird in Autos verbrannt.
Erdgas	wird Benzin beigemischt.
Erdgas	wird aus Erdöl gewonnen.
Kerosin	wird aus Erdöl gewonnen.
Kerosin	wird aus Erdöl gewonnen.
Biodiesel	wird aus Erdgas gewonnen.
Biodiesel	ist ein fossiler Energieträger.
Bioethanol	ist ein fossiler Energieträger.
Bioethanol	wird in Flugzeugen verbrannt.
Wasserstoff	wird aus Biomasse gewonnen.
Wasserstoff	wird in Brennstoffzellen zu Strom umgewandelt.
Wasserstoff	wird aus ölhaltigen Energiepflanzen (Raps) gewonnen.
Wasserstoff	wird aus zuckerhaltigen Getreidepflanzen (Mais) gewonnen.
Wasserstoff	kann mit Elektrolyse aus Strom und Wasser hergestellt werden.

Erdöl und Erdgas sind fossile Energieträger, bei deren Verbrennung klimaschädliche* Kohlenstoffdioxid-Emissionen entstehen. **Welche Kraftstoffe sind also klimaschädlich?** Ist die Frage bei allen Kraftstoffen eindeutig zu beantworten?

_____

_____

_____

* „Klimaschädlich" bedeutet, dass durch die Nutzung des Kraftstoffs zusätzliche CO_2-Mengen in die Atmosphäre gelangen, die den Klimawandel mit verursachen.

34 Fossiler Kraftstoff – was ist denn das?

Benzin, Diesel, Erdgas und LPG (Autogas) werden als fossile Kraftstoffe bezeichnet. Sie werden aus Erdöl bzw. Erdgas gewonnen, einer fossilen Energie, die schon seit Jahrmillionen in der Erde gespeichert ist. Ähnlich wie bei den Dinosauriern bedeutet „fossil", dass die Energie aus einer lang vergangenen Zeit der Erde stammt.

Doch wo kommt die Energie ursprünglich her? Tanken wir etwa Dinos?

 AUFGABE

Schneide die unten stehenden Bilder aus und ordne sie den Textblöcken zu. Kannst du sagen, woher die in den fossilen Energiequellen gespeicherte Energie ursprünglich kommt?

Erdöl/Erdgas Vor ca. 225 bis 65 Millionen Jahren begann der Erdölentstehungsprozess durch Lebewesen wie Algen oder Plankton, die abstarben und nach ihrem Tod auf den Meeresboden sanken.

Als sich danach Material darüber ablagerte (Sand, Steine und anderes), gelangte kein Sauerstoff mehr an die abgestorbenen Algen und das Plankton, und ein hoher Druck entstand.

Im Laufe der folgenden Millionen Jahre bildete sich aus den abgestorbenen Algen und dem Plankton das **Erdöl**. Mit der Zeit sammelte sich das Erdöl in unterirdischen Lagerstätten, aus denen es heute gepumpt werden kann. Über den Erdöllagerstätten befindet sich meistens auch Erdgas.

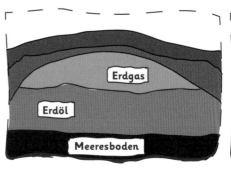

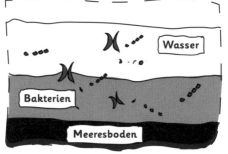

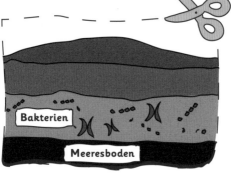

35 # Mit fossilen Kraftstoffen unterwegs...

Die in Benzin, Erdgas, Autogas (LPG) oder Wasserstoff enthaltene Energie wird im **Ottomotor**, die des Diesels im **Dieselmotor** in Bewegungsenergie umgewandelt. Diese beiden Motoren sind schon recht alt: Ihre Erfinder, Nikolaus August Otto und Rudolf Diesel, haben ungefähr zu dem Zeitpunkt ihre Patente angemeldet, als die Großeltern eurer Großeltern geboren wurden (1876 bzw. 1892).

 AUFGABE

Lest euch den Text genau durch und tragt die Begriffe an der richtigen Stelle in der Zeichnung ein. Und vor allem: Merkt sie euch gut, um vor euren Eltern fachsimpeln zu können.

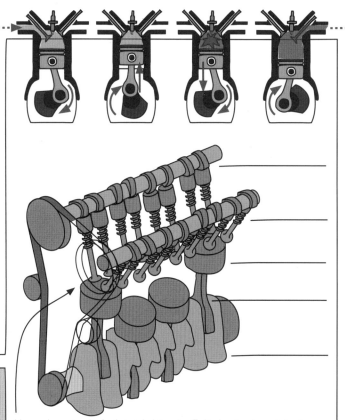

Normalerweise befindet sich hier der Zylinder, in dem sich die Ventile und der Kolben bewegen (vergl. Zeichnung oben: schwarze Außenwand). Damit die Zeichnung nicht zu unübersichtlich wird, haben wir den Zylinder hier unsichtbar gemalt – denk ihn dir einfach dazu!

 MERKE

Der **Ottomotor** wandelt die im Benzin enthaltene Energie in eine Drehbewegung um, mit der die Räder des Autos angetrieben werden.

Im Motor wird der Kraftstoff mit Luft gemischt und in einem Zylinder, wie in einer Luftpumpe, durch einen Kolben zusammengepresst. Wenn ein Funke das Gemisch entzündet, dann explodiert es und katapultiert den Kolben hinaus. Das ist wie, wenn ihr eine Luftpumpe oben zuhaltet, kräftig pumpt und dann plötzlich den Griff unten loslasst. Das ist zwar sehr beeindruckend, reicht aber nicht aus, um ein Auto anzutreiben. Dazu braucht man folgende schlaue Erfindungen:

1 Die **Pleuelstange** verbindet den Kolben mit der Kurbel, die das Auf und Ab der Pleuelstange in eine Drehung umwandelt (das funktioniert, weil die Stange nicht mittig an der Kurbel befestigt ist).

2 Da es schwierig ist, die Drehbewegung mit nur einer Kurbel in Gang zu halten, werden mehrere Zylinder nebeneinander geschaltet. Die Kurbeln sind miteinander über die **Kurbelwelle** verbunden. So kann die Kurbelwelle enorme Drehzahlen erreichen, die ihr am Drehzahlmesser im Auto ablesen könnt: Zwischen 1.000 und 7.000 Umdrehungen schafft die Kurbelwelle in der Minute!

3 Wird die Kurbelwelle mit einer zweiten Welle, der **Nockenwelle**, verbunden, dann dreht sich diese mit. Das ist praktisch, denn so wird zugleich die Luftzufuhr und -abfuhr in die Zylinder geregelt: Die Ventile werden automatisch an der Oberseite der Brennkammer im richtigen Rhythmus geöffnet und geschlossen.

 ACH, ÜBRIGENS:

Der **Dieselmotor** funktioniert fast wie der Ottomotor mit einem entscheidenden Unterschied:
Es ist kein Funke notwendig, um die Explosion zu starten. Sobald der Diesel in die heiße Luft eingespritzt wird, explodiert das Gemisch von selbst!

36 Katalysatoren

Es wird erzählt, dass Katalysatoren gut für die Umwelt sind – das stimmt! Sie entfernen giftige Stoffe aus dem Auspuff, ändern jedoch nichts an den schädlichen Auswirkungen, die das Auto auf den Klimawandel hat. Die Menge an CO_2, die das Auto produziert, bleibt unverändert.

AUFGABE

Da hat der Katalysator wohl nicht nur die schädlichen Abgase aus dem Auspuff, sondern gleich auch noch die Vokale aus dem Text entfernt. Lies dir den Text genau durch und schreibe ihn anschließend verständlich ab, indem du die fehlenden Vokale mit einfügst. An ein paar Stellen hat Fitz, der Falke, dir schon geholfen.

Dr Ktlystr srgt dfr, dss nch m Fhrzg d fr d Umwlt schdlchn Abgs ntrlsrt bzw. vrrngrt wrdn. Ds schfft dr Ktlystr drch sn spzll Obrflch, n dr d schdlchn Stff hngn blbn nd n wngr schdlch Stff mgwndlt wrdn. Drch dn Ktlystr wrdn

⋯> gftgs Kohlenmonoxid* nd Kohlenwasserstoffe n ngftgs Kohlendioxid
⋯> gftg Stickoxide** n ngfhrlchn Stickstoff

mgwndlt. Fr Angbr nd Bssrwssr knn mn s ch s sdrckn:

⋯> $2\,CO + O_2 \rightarrow 2\,CO_2$

⋯> Da es viele verschiedene Kohlenwasserstoffverbindungen gibt, sparen wir uns hierfür die chemische Reaktionsgleichung, sie werden jedoch mit Sauerstoff zu Kohlenstoffdioxid und Wasser umgewandelt.

⋯> $2\,NO + 2\,CO \rightarrow N_2 + 2\,CO_2$

EXPERTENFRAGE

Dummerweise funktioniert die Umwandlung von Stickoxiden in Stickstoff am herkömmlichen Katalysator nur bei Abgasen von Benzinmotoren, da im Abgas von Dieselmotoren zu viel Sauerstoff ist, um die Reaktion durchzuführen. Daher gibt es spezielle neue Katalysatoren für Dieselfahrzeuge (Katalysatoren), die eine Harnstofflösung in den Abgasstrom einspritzen, so dass die Stickoxide in Stickstoff und Wasserdampf umgewandelt werden. Diese Harnstofflösung kann man an Tankstellen kaufen, dort heißt sie AdBlue. Nun die Frage für Experten: Wo bekommt man denn sonst noch Harnstoff her?

Antwort: Harnstoff ist ein Bestandteil von ————————
Wichtig insbesondere für Jungs: **Nicht auf dumme Gedanken kommen!** Das funktioniert nicht…

* bei einer Überdosis Kohlenmonoxid erstickt man.
** Stickoxide führen zu Saurem Regen, der die Bäume schädigt, und sind mitverantwortlich für den Ozonabbau in der Atmosphäre

37 Elektrische Energie – was ist denn das?

Viele Fahrzeuge fahren mit elektrischer Energie. Diese besteht aus kleinen sich bewegenden Teilchen, die man **Elektronen** nennt und die zwar in der Natur in allen Dingen vorhanden sind, dort aber, außer in Blitzen und Zitteraalen (und vielleicht in Nervenbahnen), nicht großartig wandern.

Die Elektronen müssen daher durch eine andere Energie erst in Bewegung gebracht werden, damit ein **elektrischer Strom** fließt.
Das ist ähnlich wie bei Fred Faultier, den muss man auch anschubsen, damit er sich bewegt – von alleine tut sich da (wie bei den Elektronen) wenig.

Und wie schubst man nun die Elektronen an?
Dazu gibt es in der Regel zwei Möglichkeiten:

1 Man schubst die Elektronen direkt durch Licht an, was aber nur in bestimmten Materialien funktioniert. Man nennt diese Art der Stromerzeugung **Photovoltaik**.

2 Man verwendet eine Kupferspule, die sich dreht. Wie diese funktioniert, lernt ihr später, denn das ist etwas komplizierter. Das Gerät, in der sich die Spule befindet, nennt man **Generator**.

Da es nicht genügend photovoltaische Flächen gibt, um den gesamten Strombedarf der Menschen zu decken, und diese Technologie noch verhältnismäßig neu ist, wird fast die gesamte elektrische Energie durch Generatoren erzeugt.

AUFGABE

Fred Faultier hat von seinem Onkel, Professor Chaos, den Auftrag bekommen, dessen Energiewandelmaschine zu reparieren. Diese generiert elektrische Energie durch Umwandlung von Bewegungsenergie in einem Generator. Doch die Spule dreht sich nicht. Da Fred zu faul ist, die Spule durch Handkurbeln in Bewegung zu bringen, muss er sich etwas einfallen lassen.
Wie kann er ohne eigene Anstrengung die Spule im Generator in Bewegung halten?
Er hat schon mithilfe einer Skizze von seinem Onkel die Turbine repariert, die eine Fließbewegung (eine Strömung) in die Drehbewegung für den Generator umsetzt. Nun fehlt ihm noch die Strömung, um die Turbine anzutreiben. Kannst du ihm helfen?

HANDKURBEL
(ANSTRENGEND)

GENERATOR

TURBINE

Fred kann entweder den _____, die Strömung des _____ oder den _____ nutzen, der bei der _____ von _____ entsteht, um die Turbine anzutreiben.

38 Mit elektrischer Energie unterwegs...

AUFGABE

Nicht alle Fahrzeuge fahren mit Verbrennungsmotoren, einige werden auch mit elektrischem Strom angetrieben. Fallen dir welche ein? Wenn nicht, können dir die Notizen von Professor Chaos vielleicht weiterhelfen – vorausgesetzt, du kannst seinen Geheimcode entziffern... **Kleiner Tipp:** Fahrzeuge, bei denen während der Fahrt keine stinkenden Abgase aus dem Auspuff kommen, werden in der Regel mit Strom betrieben.

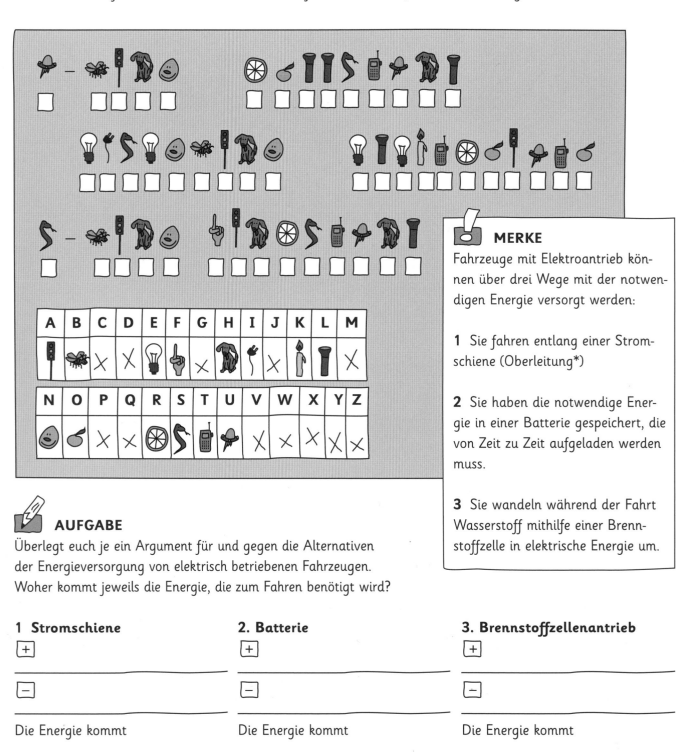

MERKE

Fahrzeuge mit Elektroantrieb können über drei Wege mit der notwendigen Energie versorgt werden:

1 Sie fahren entlang einer Stromschiene (Oberleitung*)

2 Sie haben die notwendige Energie in einer Batterie gespeichert, die von Zeit zu Zeit aufgeladen werden muss.

3 Sie wandeln während der Fahrt Wasserstoff mithilfe einer Brennstoffzelle in elektrische Energie um.

AUFGABE

Überlegt euch je ein Argument für und gegen die Alternativen der Energieversorgung von elektrisch betriebenen Fahrzeugen. Woher kommt jeweils die Energie, die zum Fahren benötigt wird?

1 Stromschiene

[+]

_____

[−]

_____

Die Energie kommt

_____

2. Batterie

[+]

_____

[−]

_____

Die Energie kommt

_____

3. Brennstoffzellenantrieb

[+]

_____

[−]

_____

Die Energie kommt

_____

* Das heißt technisch korrekt „Fahrleitung".

39 Fred Faultiers großer Tag

Professor Chaos ist von der „Akademie für besonders schlaue Redner" gebeten worden, einen Vortrag über die **Zukunftstechnologie Hybridfahrzeuge** zu halten.

Leider hat er verschwitzt, dass er am selben Tag zur Expedition nach Kuckucksheim aufbrechen wollte. Daher bittet er seinen Neffen Fred Faultier, den Vortrag zu halten. Einen ganzen Vormittag hat er ihm die neue Fahrzeugtechnologie in allen Einzelheiten erklärt.

AUFGABE

Der faule Fred hat auf einer halben Seite alle ihm wichtigen Informationen zusammengefasst. Dabei ist ihm ein wichtiger Fehler unterlaufen, den Professor Chaos auf dem Weg zur Bahn gerade noch entdeckt und angestrichen hat – leider ohne Zeit für Erklärungen.
Kannst du Fred Faultier helfen, die richtige Formulierung zu finden?

Die Bremsenergie ist eigentlich keine Energiequelle, weil

_____

_____

_____

X ACHTUNG:
DAS STIMMT SO NICHT!
DAS MUSST DU UNBEDINGT
NOCH VERBESSERN...

HYBRIDFAHRZEUGE: AUTOS DER ZUKUNFT

DIE ENERGIE ~~FÜR ELEKTRISCH BETRIEBENE FAHRZEUGE LIEFERT DAS FAHRZEUG SELBST~~: BEI JEDER BREMSUNG VERLIERT MAN IN DEN HERKÖMMLICHEN FAHRZEUGEN DIE ENERGIE, DIE BEREITS AUFGEWENDET WURDE, UM DAS FAHRZEUG IN DIE VORWÄRTSBEWEGUNG ZU BRINGEN – BEIM FAHRRAD KANN MAN DAS AN DEN HEIßEN BREMSKLÖTZEN MERKEN: HIER WURDE DURCH DAS BREMSEN BEWEGUNGSENERGIE IN WÄRMEENERGIE UMGEWANDELT. DIE ÜBERSCHÜSSIGE ENERGIE, DIE NICHT MEHR ZUM FAHREN GEBRAUCHT WIRD, WIRD IN HYBRIDFAHRZEUGEN IN EINER BATTERIE GESPEICHERT. MAN KANN SIE ZUM STARTEN DES FAHRZEUGS VERWENDEN UND VERBRAUCHT HIERFÜR KEINEN KRAFTSTOFF MEHR.

DEN KOMISCHEN NAMEN HABEN DIE FAHRZEUGE BEKOMMEN, WEIL „HYBRID" DIE KOMBINATION ZWEIER TECHNOLOGIEN BEDEUTET. IN DIESEM FALL WIRD DER ELEKTROMOTOR DURCH DIE BREMSENERGIE GESPEIST, EIN IN DER REGEL EINFACHER VERBRENNUNGSMOTOR VERBRENNT BENZIN ODER DIESEL.
IN ZUKUNFT WERDEN ALLE AUTOS MIT HYBRIDANTRIEBEN AUSGERÜSTET SEIN, UND AUCH HEUTE SCHON GIBT ES EINIGE AUTOS MIT DIESER NEUEN TECHNOLOGIE AUF UNSEREN STRAßEN.

...und was Fred Faultier auf Nachfrage aus dem Publikum richtig erklären konnte, obwohl ihm das sein Onkel nicht erzählt hat: Bei **bivalenten Fahrzeugen** kann der Motor mit zwei verschiedenen Kraftstoffen fahren, also z.B. mit Benzin und Wasserstoff, wohingegen **Hybridfahrzeuge** zwei verschiedene Antriebstechnologien besitzen – ein Elektromotor wird mit einem Verbrennungsmotor oder einer Brennstoffzelle gekoppelt.

40 Biosprit – was ist denn das?

Biosprit ist die umgangssprachliche Bezeichnung für die Kraftstoffe Bioethanol, Biodiesel, BTL (das ist englisch und bedeutet: biomass-to-liquid) und Biomethan (auch Biogas genannt). Die Vorsilbe „bio" weist dabei auf die Herkunft der Kraftstoffe hin: Sie bestehen zu **100% aus Pflanzen**, die bei der Verbrennung des Biosprits im Fahrzeug genauso viel Kohlenstoffdioxid in die Luft bringen, wie sie vorher durch ihr Wachstum aus der Luft entnommen haben. Die Verbrennung (oder Verrottung) von pflanzlichem Material ist also klimaneutral.

Biodiesel – wird aus ölhaltigen Pflanzen gewonnen, z.B. Raps (bei uns) oder Ölpalmen bzw. Sojabohnen (in wärmeren Ländern)

Bioethanol – wird aus zuckerhaltigen Pflanzen oder Abfällen gewonnen, z.B. aus Mais (bei uns) oder Zuckerrohr (in wärmeren Ländern). Bioethanol ist nichts anderes als eine Art von Alkohol (ist aber ungenießbar, selbst für Erwachsene).

BTL – wird aus trockenen Abfällen gewonnen, z.B. Stroh oder Holzschnitzeln. Nach Bedarf kann BTL Diesel, Benzin oder Kerosin ersetzen.

Biomethan – wird aus feuchten Abfällen gewonnen, z.B. Gülle oder alles, was bei euch zu Hause auf den Kompost oder in die Toilette darf. Der Kraftstoff ist gasförmig, kann also nur in Autos getankt werden, die einen Gastank haben.

AUFGABE

Stimmt denn eigentlich, was die Leute so erzählen? **Ist Bioenergie wirklich klimaneutral?** Um das herauszufinden, verfolgt den Weg des Kohlenstoffdioxids (CO_2) im Bild. Ist es möglich, dass die Pflanzen mehr Kohlenstoffdioxid bei ihrer Verbrennung oder Verrottung freilassen, als sie während ihres Wachstums aufgenommen haben? Wenn ja, woher bekommen sie das zusätzliche CO_2?

MERKE

Ein Kraftstoff ist klimaneutral, wenn bei seiner Nutzung

☐ mehr
☐ weniger
☐ gleich viel

CO_2 CO_2 CO_2

Kohlenstoffdioxid frei wird, als/wie zu seiner Herstellung aus der Atmosphäre entnommen wurde.

41 | Mit Biosprit unterwegs...

Bioenergie kann – ähnlich wie Benzin, Diesel oder Kerosin – als Kraftstoff entweder in einem Verbrennungsmotor verbrannt oder, nach Umwandlung in Wasserstoff (man nennt diese Umwandlung auch Reformierung), in Brennstoffzellen zum Einsatz kommen.

Auch wenn es bei uns bisher noch kaum reine Biospritautos gibt, sind heutzutage schon viele Fahrzeuge mit Biosprit unterwegs – meist ohne es zu merken: Bioethanol und Biodiesel werden nämlich schon heute zu 5% normalem Benzin und Diesel beigemischt.

AUFGABE

Nudeln mit Schokoladensauce – was hat denn das mit Biosprit zu tun? Auf den ersten Blick nicht viel. Aber **stellt euch vor, ihr seid ein Auto**: Dann sind die Nudeln mit Schokoladensauce der Biosprit, der euch die Energie zur Fortbewegung liefert.

Wie im Verbrennungsmotor des Autos wird in eurem Körper die Nahrung **verbrannt und in Energie umgewandelt** (zum Glück ist das keine richtige Verbrennung mit Flamme, sonst würde es viel zu heiß werden). Doch wohin geht die Energie anschließend, und was muss euer Körper alles machen, damit ihr vorwärts kommt? Ordnet im Bild die analogen* Bereiche eures Körpers den eingekreisten Bereichen des Autos zu. Diese Begriffe helfen euch:

Füße	Mund	Tankstutzen	Räder	Nase

Auspuff	Benzin	Zapfsäule	Muskeln

Motor/Getriebe	Teller	Nudeln

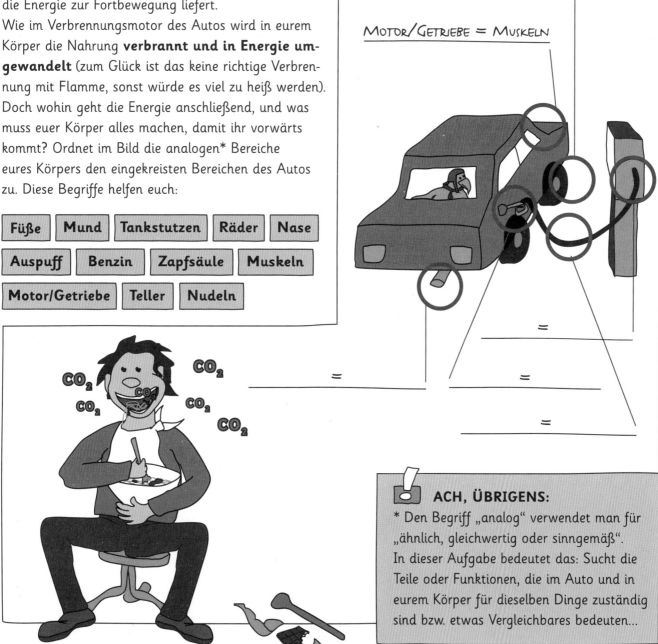

MOTOR/GETRIEBE = MUSKELN

ACH, ÜBRIGENS:

* Den Begriff „analog" verwendet man für „ähnlich, gleichwertig oder sinngemäß". In dieser Aufgabe bedeutet das: Sucht die Teile oder Funktionen, die im Auto und in eurem Körper für dieselben Dinge zuständig sind bzw. etwas Vergleichbares bedeuten...

42 Wasserstoff – was ist denn das? (S.1)

Die Welt und das Weltall bestehen aus unvorstellbar vielen kleinen Bausteinen, den **Atomen**. Von diesen gibt es nur etwas über 100 verschiedene Sorten, die man **Elemente** nennt. Jedes Element hat ganz bestimmte Eigenschaften.

Wenn sich aber verschiedene Elemente bzw. Atome zusammen tun, dann können sie ihre Eigenschaften wechseln (also zum Beispiel rot statt blau sein, wabbelig statt fest, eklig statt gut riechen...), und diese neuen Gebilde nennt man dann **Moleküle**. Da hierzu sehr viele verschiedene Kombinationsmöglichkeiten denkbar sind, gibt es unzählige verschiedene Stoffe und Materialien auf der Welt.

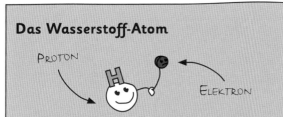

Das Wasserstoff-Atom

PROTON

ELEKTRON

Das uns bekannte Weltall besteht zu über 90 % aus **Wasserstoff.**
Der Anteil der übrigen Elemente beträgt nur etwa 0,1 %. In der Erdkruste ist Wasserstoff mit 15 % nach Sauerstoff (55 %) und Silicium (16 %) das dritthäufigste Element. Weil es aber so klein und leicht ist, macht es nur 0,9 % der Masse aus.

Ein Element, sogar das kleinste überhaupt, ist der **Wasserstoff (H)**.

Wenn sich Wasserstoff mit seinem Kumpel **Kohlenstoff (C)**, einem anderen Element, zusammentut, dann kann man unter anderem Erdgas, Benzin, Diesel oder auch Kunststoffe (Plastik) erhalten

Wenn sich Wasserstoff allerdings mit **Sauerstoff (O)** verbündet, so entsteht Wasser.

Und weil der Wasserstoff mit vielen Elementen gut kann, ist er auf der Erde fast nie alleine unterwegs. Man muss ihn quasi dazu zwingen – also **Energie hinzufügen** – damit er sich von seinen Kumpels los reißt.

Auf der anderen Seite **gibt er diese Energie dankbar wieder ab**, sobald er sich mit einem seiner Kumpels wieder verbindet.
Genau diese Eigenschaft macht Wasserstoff so geeignet, Energie zu speichern und woanders oder zu einer anderen Zeit wieder abzugeben. Im Gegensatz zu Benzin – bei dem die Kohlenstoffatome die Wasserstoffatome nur gehen lassen, wenn sie dafür Sauerstoffatome bekommen, – entsteht bei der Energieabgabe **kein** Kohlenstoffdioxid (CO_2).

43 # Wasserstoff – was ist denn das? (S.2)

Wenn Wasserstoff als Kraftstoff in Fahrzeugen eingesetzt wird, dann entsteht am Auspuff nichts als Wasser. Das ist gut fürs Klima und auch für die Gesundheit, weil Kohlenstoff auch giftige Verbindungen eingehen kann. Doch woher bekommen wir den Wasserstoff?

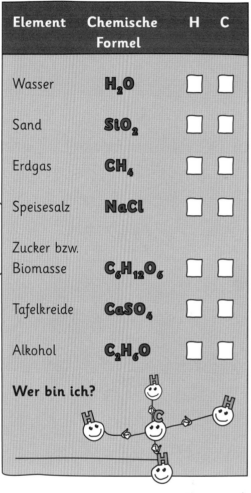

Element	Chemische Formel	H	C
Wasser	H_2O	☐	☐
Sand	SiO_2	☐	☐
Erdgas	CH_4	☐	☐
Speisesalz	$NaCl$	☐	☐
Zucker bzw. Biomasse	$C_6H_{12}O_6$	☐	☐
Tafelkreide	$CaSO_4$	☐	☐
Alkohol	C_2H_6O	☐	☐

Wer bin ich?

AUFGABE

1 Kreuze im nebenstehenden Kasten die Stoffe an, aus denen man **Wasserstoff durch Zugabe von Energie gewinnen kann**. Den Wasserstoff erkennst du am Zeichen H.

2 Kreuze nun die Stoffe an, die **Kohlenstoffatome (C) enthalten**. Werden diese Stoffe zur Gewinnung von Wasserstoff eingesetzt, dann entsteht trotzdem Kohlenstoffdioxid – zwar nicht am Auspuff, jedoch bei der Herstellung des Kraftstoffs.

EXPERTENFRAGEN

1 Bei der Erzeugung von Wasserstoff aus Erdgas und aus Biomasse entsteht jeweils Kohlenstoffdioxid. Jedoch ist die Erzeugung aus Biomasse im Gegensatz zu der aus Erdgas klimaneutral. Kannst du sagen, warum?

_____

_____

_____

2 Heutzutage wird Wasserstoff entweder mithilfe von elektrischer Energie aus Wasser oder durch Abspaltung (Reformierung) aus Erdgas gewonnen. Kannst du sagen, welches die klimafreundlichere Variante ist? Ist das immer der Fall oder gibt es Ausnahmen?

_____

_____

_____

44 Mit Wasserstoff unterwegs...

Autos, die mit Wasserstoff fahren, werden entweder mit einem Verbrennungsmotor oder einem Elektromotor angetrieben. In einem Verbrennungsmotor (Ottomotor) passiert mit dem Wasserstoff im Auto dasselbe wie mit Benzin oder Erdgas.

Haben die Autos einen Elektroantrieb, dann muss der Wasserstoff zunächst in elektrische Energie umgewandelt werden, und das passiert in einer **Brennstoffzelle**. Die Brennstoffzelle hat den Vorteil, dass sie gemeinsam mit dem Elektromotor die im Wasserstoff enthaltene Energie viel besser in Bewegungsenergie umwandeln kann, weil weniger Energie in Form von Wärme verloren geht.
Wie genau eine Brennstoffzelle funktioniert, könnt ihr in den Aufgaben dieser Seite erforschen!

AUFGABE

1 Das kleine Wasserstoffatom möchte zurück zu seinem Freund Sauerstoff. Der einzige Weg führt durch die Membrantür. Ein Türsteher versperrt ihm allerdings den Weg. Was nun? **Hilf ihm, mit einem Trick am Türsteher vorbei zu kommen** und schreibe hier die Lösung für die anderen Wasserstoffatome auf:

LIEBE WASSERSTOFFKUMPELS,

FÜR DEN FALL, DASS IHR VOR EINER BRENNSTOFFZELLE STEHT, ABER NICHT DURCH DÜRFT, GIBT ES EINEN TOLLEN TRICK:

_____

_____

_____

ACH, ÜBRIGENS:
Eine Membran ist eine dünne Pergament- oder Hautschicht, die besondere Eigenschaften besitzt: In Luft oder einer Flüssigkeit lässt sie nur bestimmte Stoffe passieren und andere nicht. Die Membran in der Brennstoffzelle lässt nur Wasserstoffatome ohne Elektron durch. Diese werden Protone genannt.

2 Woher kommt die elektrische Energie, mit der das Brennstoffzellenauto angetrieben wird? **Zeichne den Weg der Elektronen am Türsteher vorbei** ins Bild oben ein und erkläre die Funktionsweise der Brennstoffzelle. Zur Beantwortung der Frage können dir die Notizen von Professor Chaos weiterhelfen:

DIE WASSERSTOFFATOME KÖNNEN NUR OHNE ELEKTRONEN DURCH DIE MEMBRAN

ELEKTROMOTOREN FUNKTIONIEREN MIT ELEKTRISCHER ENERGIE

AUF DER ANDEREN SEITE DER MEMBRAN KOMMEN ZWEI PROTONE UND ZWEI ELEKTRONEN MIT EINEM SAUERSTOFFATOM ZUSAMMEN UND ERGEBEN WASSER

ELEKTRISCHE ENERGIE = VIELE WANDERNDE ELEKTRONEN

IN EINER BRENNSTOFFZELLE FLIEßEN ELEKTRONEN ÜBER DEN EXTERNEN STROMKREIS UND GEBEN DORT ENERGIE AB.

SCHOKI KAUFEN NICHT VERGESSEN!!!

45 Lauter gute Gründe

Warum sollte man Energie sparen? Gibt es nicht genügend Kraftstoffe, und ist nicht jedem freigestellt, ob er sein Geld fürs Tanken oder andere Dinge ausgibt? Wenn das Leben so einfach wäre, dann müsstet ihr nicht so lange die Schulbank drücken. Die Kraftstoffe kosten nicht nur Geld, sondern müssen auch hergestellt werden. Bei der Herstellung und bei der Nutzung der Kraftstoffe in den Fahrzeugen greifen die Menschen mehr oder weniger stark in die Kreis-läufe der Natur ein, indem sie Stoffe entnehmen (**Rohstoffe, auch Ressourcen genannt**) oder hineinbringen (**Schadstoffe, auch Emissionen genannt**). Zum Glück besitzt die Natur eine „dicke Haut": Sie verkraftet einiges und kann auch vieles wieder reparieren. Aber irgendwann sind das Schutzschild und die Reserven aufgebraucht und die Erde geht kaputt!

AUFGABE

Fred Faultier und Fitz Falke haben gute Gründe gefunden, warum man nicht unbedacht Energie verschwenden sollte. Fitz ist aber im Denken schneller als Fred, deshalb hinkt Freds Argumentation etwas hinterher. Da Fred für jeweils den ersten Satz zuständig war, versteht man nur noch Bahnhof.
Kombiniert die passenden Sätze der beiden und erfahrt, warum man Energie sparen sollte!

„Je nachdem, welche Rohstoffe wir benötigen, werden entweder tiefe Löcher gebohrt oder Wälder für größere Anbauflächen gerodet."

„Die Energie, die in den Kraftstoffen steckt, wird nicht erzeugt, sondern immer aus einer anderen Energie umgewandelt."

„Zur Herstellung von Kraftstoff braucht man Energie und Rohstoffe."

„Wenn man Kraftstoffe herstellt oder nutzt, entstehen Abgase."

„Diese sind nicht nur für das Klima schädlich, sondern schädigen auch die Wälder, die Atemwege der Menschen und sogar Bauwerke."

Fallen dir noch mehr Gründe ein? Dann notiere sie hier:

_____

_____

_____

_____

_____

„Wenn man den Planeten Erde betrachtet, dann bekommt er Energie in Form von Sonnenlicht und strahlt Energie in Form von Wärme ab. Zieht man die abgegebene von der eingestralten Energie ab, bleibt die Energie übrig, die wir zum Leben haben und uns mit allen Menschen teilen müssen. Das bedeutet, dass die Energie, die wir in Kraftstoffen nutzen, uns nicht mehr für andere Dinge, z.B. zur Generierung von elektrischem Strom zur Verfügung steht. An sich kein Problem, wenn wir genügend Anlagen zur Nutzung der heutigen Sonnenenergie bauen würden, anstatt die Sonnenenergie aus Zeiten der Dinosaurier und noch früher zu nutzen (in Form von fossilen Energien) ...."

46 Woher kommt der Klimawandel?

 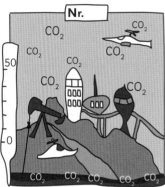 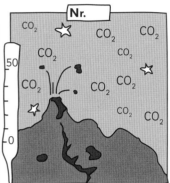 

 AUFGABE

1 Bringe die folgenden Bilder in die richtige Reihenfolge. Was erzählen sie dir über den Zusammenhang zwischen Energie und Klimawandel? Verfolge den Weg des Kohlenstoffdioxids (CO_2) über die Zeit, um die Antwort zu finden. Dann fällt es dir bestimmt nicht mehr schwer, die drei Expertenfragen am Ende der Seite zu beantworten…

2 Zeichne in die Thermometer die Durchschnittstemperaturen ein, die in den jeweiligen Zeiten herrschten:

1 **50°C** vor 4 Milliarden Jahren (Uratmosphäre)
2 **23°C** vor 100-250 Millionen Jahren
3 **14°C** im Mittelalter
4 **20°C** in Zukunft, wenn weiterhin viel Erdöl und Erdgas verbraucht wird

Expertenfrage 1: Woher kommt das CO_2, das unsere Erde erwärmt?

_____

_____

_____

Expertenfrage 2: Wenn wir alle Erdöl- und Erdgasvorräte verbraucht haben, ist es dann wärmer oder kälter als bzw. gleich warm wie in der Urzeit?

_____

_____

Expertenfrage 3: Was kann man tun, um den Klimawandel aufzuhalten? Versuche eine Antwort zu finden, die du anhand der Bilder erklären kannst.

_____

_____

_____

_____

_____

_____

_____

_____

 ACH, ÜBRIGENS:

5°C Erderwärmung hört sich erstmal nicht schlimm an. Ist es aber, wenn man bedenkt, dass die Durchschnittstemperatur der Erde während der Eiszeit nur 5°C geringer war als heute (also 10°C). Und damals lagen weite Teile des heutigen Europas unter einer mehr als 1.000 m dicken Eisdecke.

47 Die Folgen des Klimawandels

Die Nachrichten und Zeitungen berichten immer wieder über den **Klimawandel**. Doch was ist das eigentlich? Jede Region auf der Erde kann aufgrund ihrer Lage einem bestimmten Klima zugeordnet werden: In der Sahara ist es trocken und heiß, in den Tropen warm und feucht, bei uns herrscht ein gemäßigtes Klima und in der Nähe vom Nordpol ist es meistens kälter als 0°C. Das Klima in den verschiedenen Regionen ist so etwas wie eine Zusammenfassung des typischen Wetters, das dort herrscht. Wenn sich das Klima wandelt, so bedeutet dies, dass es sich ändert: In trockenen Ländern wird es noch trockener oder es regnet häufiger, in feuchten und warmen Regionen gibt es mehr Unwetter. In kalten Gebieten wird es wärmer.

Der Klimawandel, von dem die Nachrichten berichten, findet derzeit überall auf der Erde statt. Er führt dazu, dass es stetig wärmer wird auf unserem Planeten.

Was ist denn so spannend am Klimawandel, dass die Nachrichten darüber berichten? Es gibt ihn noch nicht sehr lange und alles, was neu ist, ist zunächst spannend. Fragt mal eure Eltern oder Großeltern, wann sie das erste Mal von ihm gehört haben…

Außerdem bleibt ein Klimawandel nicht ohne Folgen, er ist für Menschen und Umwelt sogar gefährlich. Was alles passieren wird und wie stark sich die Erde erwärmt, erforschen Wissenschaftler in aller Welt. Einig sind sie sich darüber, dass sicher folgende Dinge geschehen werden:

1 Die Wüste breitet sich aus. Die dort lebenden Menschen

_____

2 Der Mangel an Regen führt dazu, dass

_____

3 Auch extremere Wetterlagen, wie

_____

4 Die Gletscher

_____

5 Wenn auch die riesigen Gletscher am Südpol schmelzen,

_____

 AUFGABE

1 Nehmt euren Atlas und seht euch eine Europakarte an. Welche Länder werden besonders vom steigenden Meeresspiegel betroffen sein?
2 Welche großen deutschen Städte liegen an der Küste?
3 Welche Auswirkungen (auch indirekte Folgewirkungen) werden in eurer Stadt spürbar sein?

4 Im vergangenen Jahrhundert sind in Europa die Temperaturen um 1°C und der Meeresspiegel um 30 cm gestiegen, die Gletschermenge ist um die Hälfte geschmolzen und aufgrund der Erwärmung ist mittlerweile das alte Kinderlied „Alle Vögel sind schon da" inhaltlich falsch. Viele Zugvögel bleiben in den warmen Wintern einfach hier, statt in den Süden zu ziehen. Fallen dir welche ein?

48 Was der Orang-Utan zum Biosprit sagt...

Der Orang-Utan ist der nächste Verwandte des Menschen, zu 97% ist das Erbgut des Menschen identisch mit dem des Orang-Utans. Nicht umsonst hat er daher seinen Namen erhalten: „Orang" bedeutet auf malaiisch Mensch und „utan" bzw. „hutan" Wald, also:

_____

Leider ist der Orang-Utan vom Aussterben bedroht. Und das vor allem, weil die Menschen seinen Lebensraum zerstören, indem sie den tropischen Regenwald immer weiter abholzen. Das tun sie unter anderem, um Ölpalmplantagen anzubauen, die wiederum dazu verwendet werden, Biodiesel herzustellen (und das Klima zu retten).

Man rettet also das Klima und bringt dafür den Orang-Utan um? Eine ganz schöne Zwickmühle, und darum gibt es auch viele Menschen, die Biokraftstoffe nicht für die optimale Lösung zur Rettung des Klimas halten.

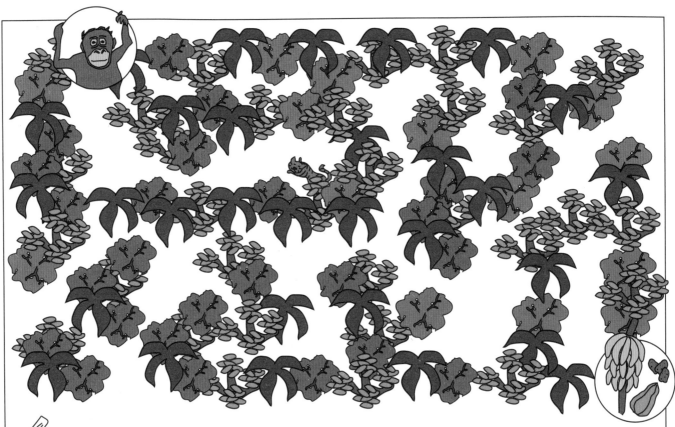

AUFGABE

1 Der kleine Orang-Utan hat in der Ferne leckere Früchte entdeckt. Der Tiger im Regenwald hindert ihn daran, die schützenden Baumkronen zu verlassen. Hilf ihm, den Weg zu den Früchten über die Bäume zu finden. Leider haben die Ölpalmenbauern dicke Schneisen in den Wald gebrannt. Um von einem Baum zum anderen zu gelangen, müssen sich die Bäume berühren, sonst schafft der kleine Orang-Utan den Sprung nicht.

2 Alljährlich verschwindet für Palmölplantagen alleine in Indonesien eine Urwaldfläche, die so groß ist wie die Hälfte der Niederlande – etwa 2 Millionen Hektar! 1 km² sind 100 Hektar. **Welche deutschen Bundesländer sind kleiner als die Urwaldfläche, die jährlich in Indonesien für Palmölplantagen gerodet wird?** Nimm deinen Atlas zur Hilfe, um die jeweilige Flächenzahl zu erfahren.

49 Da beißt die Maus keinen Faden ab!

Klimawandel hin oder her, eins ist sicher: Wir brauchen langsam die Energievorräte der Erde auf, und es gibt derzeit noch nicht genügend Anlagen auf der Welt, um die unendlichen Energiereserven, welche die Sonne uns in Form von Licht und Wärme bereitstellt, zu nutzen. Also haben wir ein Problem: **Unser Energiehunger wächst ständig, und es gibt nur begrenzte Energiereserven, um diesen Hunger zu stillen.** Und bei den Erwachsenen ist es auch nicht anders als bei den Kindern: Die Stärksten kriegen immer das größte Stück Kuchen. So entstehen Kriege, in denen um die Energiereserven gestritten wird. Und manche Firmen bauen einfach in fremden Ländern Industrien auf und nutzen deren Rohstoffe, um Energie bei uns zu verkaufen. Ungerecht, was? Vor allem, wenn man bedenkt, dass jeder Vierte auf der Welt gar keine Energie kaufen kann und nur 1/5 der Menschheit 2/3 der Gesamtenergie verbraucht.

 AUFGABE

1 Wissenschaftler haben berechnet, wie lange unsere begrenzten Energiereserven noch reichen. Da die gesamte Wirtschaft momentan diese Energiereserven nutzt und die Umstellung auf erneuerbare Energien nicht von heute auf morgen passieren kann, ist es wichtig, das so genannte **Fördermaximum** zu kennen, also den Zeitpunkt, ab dem die Energieproduktion aus diesen Reserven abnimmt. Ab dann steigt nämlich spätestens der Preis für diese Energie dramatisch an. Und dann können es sich immer weniger Menschen leisten, diese Energie zu nutzen.

Das **Fördermaximum der fossilen Energievorräte** wurde/wird für folgende Jahre vorhergesagt:

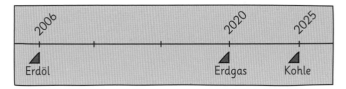

Wie alt wart ihr oder werdet ihr sein, wenn die Fördermengen ihr Maximum erreicht haben?

Erdöl: _____ Erdgas: _____ Kohle: _____

 MERKE

Folgende Energiereserven sind **begrenzt**:
Erdöl (Benzin, Diesel, Kerosin, LPG/Autogas), Erdgas und Kohle (wird zur Stromerzeugung verwendet).

Folgende Energiereserven **brauchen sich nicht auf**:
Sonne, Windkraft, Wasserkraft, Erdwärme, Biomasse (Bioenergie).

2 Erneuerbare Energien können das Problem der begrenzten Energieverfügbarkeit lösen. Am Beispiel der Energiepflanzen könnt ihr jedoch sehen, dass es trotzdem eine Begrenzung gibt, auch wenn die Pflanzen theoretisch immer nachwachsen:

Nicht nur der Lebensraum des Orang-Utans wird durch den Anbau von Energiepflanzen zerstört, die Ackerfläche steht auch den Menschen nicht mehr für den Anbau von Getreidepflanzen als Nahrungsmittel zur Verfügung. Sie müssen dann hungern. Man sagt auch, dass **die Energiepflanzen mit Nahrungsmittelpflanzen konkurrieren**. Auf der anderen Seite verstärkt natürlich der Klimawandel die Versteppung von heute fruchtbaren Anbaugebieten. Auch dann müssen die Menschen hungern.

Was kann man tun, um das Problem der begrenzten Energiereserven zu umgehen? Diskutiert in der Klasse verschiedene Lösungsmöglichkeiten.

50 Fragen zum Klimawandel

Das habe ich schon mal gehört:

verstehe ich nicht

Das habe ich schon mal gehört:

klingt logisch

Das habe ich schon mal gehört:

glaube ich nicht

Das konnte mir noch noch nie jemand beantworten:

???

51 Das Klimaretterspiel – Spielregeln

METHAN

Dies sind die Spielregeln für **dein eigenes Klimaretterspiel**. Das gibt es nirgends zu kaufen, also hebe es gut auf. Und so startest du …

VORBEREITUNG

1 Schneide die kleinen Kreise auf der Bastelvorlage aus und bemale sie auf der einen Seite gelb und auf der anderen Seite rot (das sind die Spielchips).

2 Schneide die Kohlenstoffdioxide aus (CO_2) sowie die Methane (CH_4).

3 Suche dir nun einen Freund oder eine Freundin, mit dem/der du dieses Spiel spielen möchtest.

4 Wenn ihr keinen Würfel zur Hand habt, dann bastelt euch doch einfach selbt einen aus der Würfelvorlage.

KOHLENSTOFFDIOXID

SPIELREGELN

1 Ein Kind ist der Lichtspieler und erhält 15 gelbe Spielchips, ein anderes Kind ist der Wärmespieler und erhält 5 rote Spielchips. Zu Beginn des Spiels werden die Wärmechips auf die Erdseite, die Lichtchips auf die Weltraumseite des Spielplans gelegt.

2 Die gelbe Seite der Spielchips stellt die Lichtstrahlen dar, die vom Weltraum auf die Erde treffen und dort die Atmosphäre durchdringen. Die rote Seite stellt die Wärmestrahlen dar, die versuchen, von der Erde wieder durch die Atmosphäre in den Weltraum zu gelangen. Es dürfen sich nicht mehr als 3 rote Wärmechips gleichzeitig in der Atmosphäre befinden.

3 Dringt ein gelber Lichtstrahl (Spielchip) durch die Atmosphäre bis auf die Erde vor, so wird er dort umgedreht und muss nun als Wärmestrahl wieder durch die Atmosphäre in den Weltraum zurückgelangen.

4 Die Kohlenstoffdioxide (CO_2) verhindern, dass ein Wärmestrahl durch die Atmosphäre gelangt (er wird aufgehalten). An einem solchen Feld kommen also die roten Spielchips nicht vorbei und müssen einen Umweg gehen. Die gelben Lichtstrahlen sind energiereicher und schaffen es problemlos, an dem Kohlenstoffdioxid vorbeizukommen.

5 Die Methane (CH_4) sind für den Treibhauseffekt verantwortlich und so etwas wie unglaublich starke Kohlenstoffdioxide. Deshalb muss der Wärmestrahlspielchip wieder auf die Erde zurück, wenn er auf einem solchen Feld landet. Den Lichtstrahlen machen diese Felder nichts aus, sie können ungehindert passieren.

6 Würfelt der Lichtspieler eine 6, so kann er entweder einen CO_2- oder einen CH_4-Chip auf ein beliebiges Feld setzen, um den Wärmespieler zu ärgern. In der Realität würde das bedeuten, dass aufgrund des gestiegenen Energiekonsums mehr CO_2 in die Atmosphäre gelangt (Verbrennung von Öl, Gas oder Kohle).

7 Würfelt der Wärmespieler eine 6, so kann er einen CO_2- oder einen CH_4-Chip vom Spielfeld entfernen. Diese Chips dürfen nicht mehr in dieser Spielrunde verwendet werden. In der Realität würde das bedeuten, dass die Energie aus CO_2-freien Energiequellen gewonnen wird (Windkraft, Sonnenkraft, Wasserkraft, Erdwärme oder Bioenergie).

ENDE DES SPIELS
Der Lichtspieler (gelbe Chips) gewinnt, wenn mehr als **10** rote Wärmechips auf der Erde auf ihren Abtransport warten (Klimakollaps).
Der Wärmespieler (rote Chips) gewinnt, wenn sich kein Wärmechip mehr auf der Erde oder in der Atmosphäre befindet.

52 Das Klimaretterspiel – Bastelvorlage

Hier findest du alle Spielchips, die du für dein Klimaretterspiel benötigst.
Bevor du sie ausschneidest, klebe das ganze Blatt auf einen weißen Karton. So kannst du das Spiel auch noch ein zweites oder drittes Mal spielen, wenn es dir gefällt.

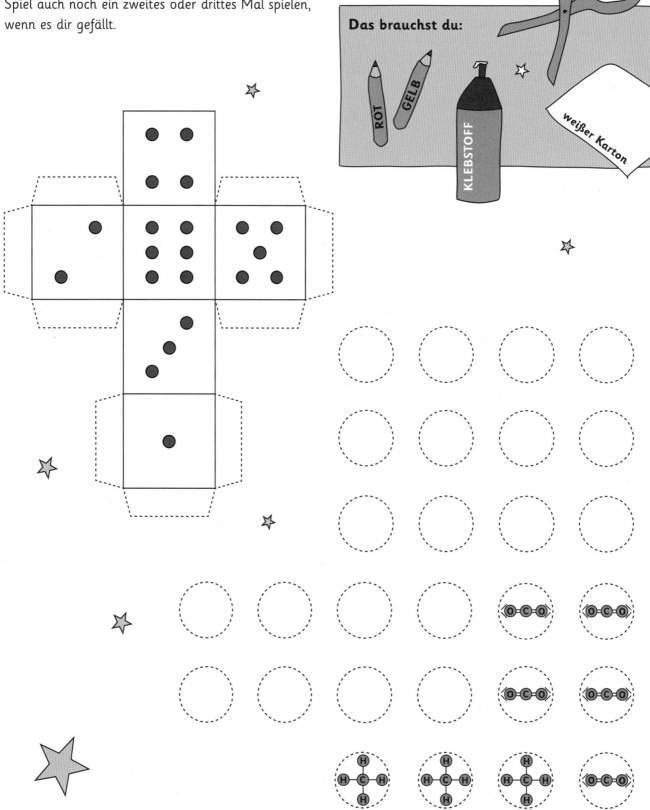

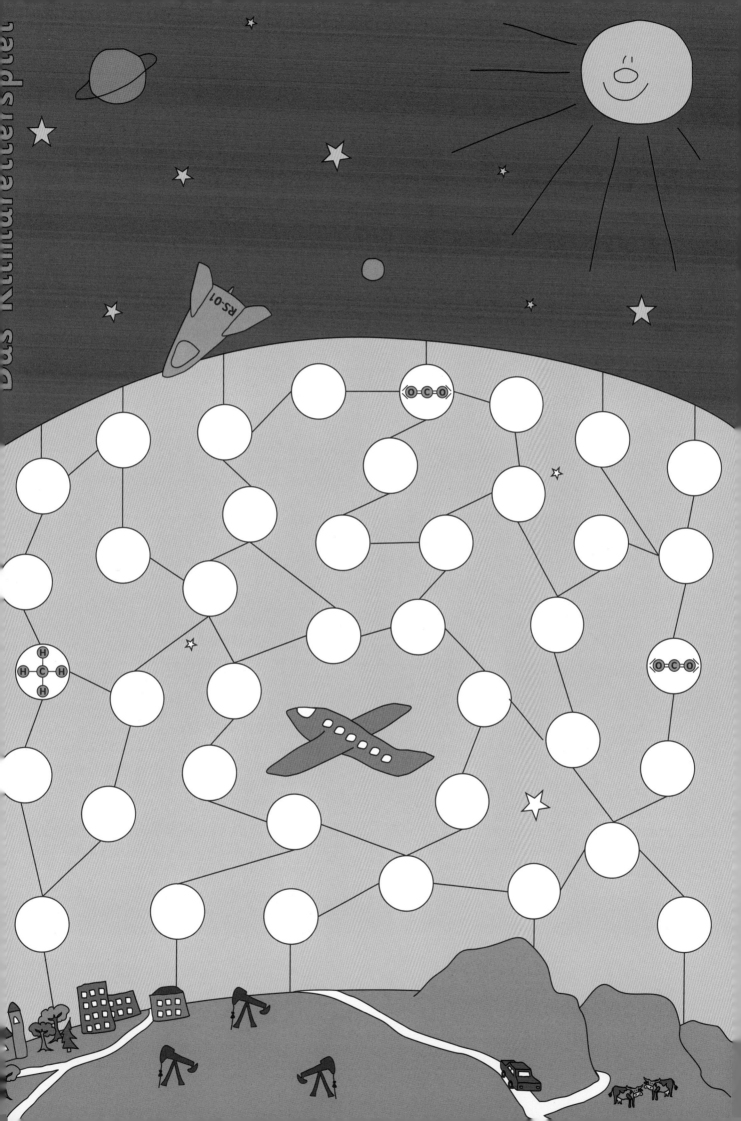

54 Treibhauseffekt? Finde ich gut!

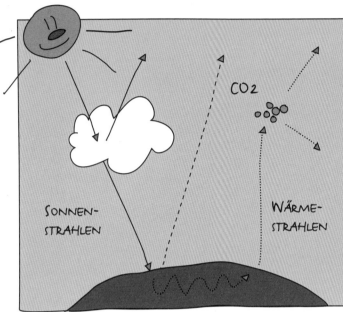

CO2

SONNEN-
STRAHLEN

WÄRME-
STRAHLEN

Um die Erde herum befindet sich eine Lufthülle, die aus verschiedenen Gasen besteht und die Erde schützt. Diese Hülle heißt **Atmosphäre;** ohne sie wäre es ganz schön kalt auf der Erde: Die in der Atmosphäre vorhandenen Gase sorgen nämlich dafür, dass die Sonnenstrahlen auf die Erde gelangen, lassen aber nur einen Teil der von der Erde wieder zurück gestrahlten Wärme in den Weltraum entweichen. Wenn wir diese sogenannten **Treibhausgase** nicht hätten, wäre es auf der Erde durchschnittlich -18°C kalt (kälter als momentan). Das bekannteste Treibhausgas heißt **Kohlenstoffdioxid.** Andere Treibhausgase sind **Methan** und **Ozon.**

EXPERIMENT

Füllt ein leeres Marmeladenglas mit dunkler Erde, legt ein Thermometer hinein und schraubt es wieder zu. Stellt dieses Marmeladenglas eine Schulstunde lang in die Sonne. Vergleicht die Raumtemperatur außerhalb des Marmeladenglases alle 5 Minuten mit der Temperatur im Glas. Was stellt ihr fest? Könnt ihr erklären, was passiert ist?

Uhrzeit	Temperatur im Glas	Temperatur im Raum

Ideen, warum das so ist:

_____

_____

_____

Meine Erklärung für das Phänomen:

_____

_____

_____

Das meinen meine Klassenkameraden:

_____

_____

_____

Was ist denn eigentlich Kohlenstoffdioxid?
Kohlenstoffdioxid (auch Kohlendioxid genannt) wird wegen seiner Zusammensetzung aus Kohlenstoff (C) und Sauerstoff (O) auch häufig CO_2 genannt. Es ist ein Bestandteil unserer Luft, ebenso wie Sauerstoff und Stickstoff. Es kommt bloß in sehr viel geringeren Mengen vor: Normalerweise besteht unsere Luft nur zu 0,035% aus CO_2. Das heißt: Von 1.000.000 Teilen Luft sind 350 Teile CO_2.

55 Klimaretter-Projektstationen

Für das Projekt „Klimaretter auf Achse" kannst du hier notieren, was du bereits erledigt hast und was noch aussteht. Wenn alle in deiner Klasse nun auch noch die rechte Spalte der Tabelle ausfüllen, dann könnt ihr am Ende des Projekts die Lieblingsprojektstation der Klasse küren. Malt eine kleine Krone in die Zeile des Gewinners! Und nun: Viel Spaß beim Klima retten...

Projektstation	erledigt	hat Spaß	/	keinen Spaß gemacht
1. Heute schon gelaufen?	☐	☐	☐	weil:
2. Auf dem Weg zur Schule …	☐	☐	☐	weil:
3. Wie viele Bäume braucht unsere Klasse?	☐	☐	☐	weil:
4. Immer mit der Ruhe!	☐	☐	☐	weil:
5. Was unser Auto alles kann!	☐	☐	☐	weil:
6. Der kleine Verkehrsplaner	☐	☐	☐	weil:
7. Fahrradwerkstatt	☐	☐	☐	weil:
8. So sind wir in (der) Zukunft unterwegs	☐	☐	☐	weil:
9. Den Forschern in den Kopf geguckt	☐	☐	☐	weil:
10. Perpetuum Mobile	☐	☐	☐	weil:

Hier ist Platz für eigene Ideen und Notizen:

56   Heute schon gelaufen?

Eine klimafreundliche Mobilität hängt nicht nur von den genutzten Transportmitteln und Kraftstoffen ab, sondern in erster Linie auch von der **Entfernung der Wegstrecken**, die man zurücklegt. Und mobil ist man normalerweise aus einem ganz bestimmten Grund: um zur Schule oder Arbeit zu kommen, um einzukaufen oder auch um Freunde zu treffen oder Ausflüge zu machen.

PAPA, ZUM BÄCKER, 50 METER, JEDEN TAG, ZU (BAR-)FUSS (FINDE ICH AUCH KOMISCH...)

AUFGABE

Schau dich in deiner Nachbarschaft um. Welche Wege werden in deiner Familie täglich aus welchen Gründen zurückgelegt?

Führe ein **Logbuch** über die Entfernungen der einzelnen Wege und die Wahl der Transportmittel.

Bewerte anschließend deine Nachbarschaft: Zeichnet sie sich durch kurze Wege aus oder durch eine gute Anbindung an den Personennahverkehr (Busse, Straßenbahn etc.)? Was könnte verbessert werden?

ACH, ÜBRIGENS:

Fragt mal eure Großeltern oder ältere Leute in eurer Umgebung, wie die Städte und Dörfer in ihrer Kindheit aussahen. Waren die täglichen Wege kürzer oder länger? Welche Transportmittel standen zur Verfügung?

MEIN LOGBUCH-EINTRAG

Name: _____

Woche vom _____ bis _____

TIPP

Kopiert euch eine Karte von eurem Wohngebiet und markiert die Orte, zu denen ihr oder eure Familien jeden Tag aufbrecht. So könnt ihr mit Hilfe einer Schnur die Entfernungen abschätzen!

Weg zur/zum	Entfernung	Häufigkeit	Transportmittel
Schule			
Arbeit			
Einkaufen			
Freizeit			
Bewertung			

57 Auf dem Weg zur Schule...

...kann man viel erleben: Man kann mit Freunden die letzten Neuigkeiten austauschen oder ausprobieren, ob man beim Rückwärtströdeln schneller ist als beim Vorwärtströdeln (dazu sollte man aber frühzeitig losgehen). Manchmal sieht man lustige Leute oder Leute, die gar nicht lustig sind, weil sie Schnee kratzen müssen oder keinen Parkplatz finden. Wenn ihr in der Stadt wohnt, dann werdet ihr wahrscheinlich viele Kinder auf eurem Weg zur Schule treffen, oder – solltet ihr auf dem Land wohnen – auch einige Tiere, die euch über den Weg hoppeln oder flattern. Manche von euch wohnen vielleicht so weit von der Schule entfernt, dass sie mit dem Auto oder Schulbus dorthin gebracht werden.

Schule

zu Hause

Bäckerei

→ **50 m**

→ **100 m**

Heimatstr. **Schulstr.**

AUFGABE

Wisst ihr eigentlich, welche Entfernung ihr tagtäglich auf eurem Weg zur Schule zurücklegt? Um das herauszufinden, **tragt den Standort eurer Schule in den Stadtplan (Landkarte) ein und sucht die Straße, in der ihr wohnt**. Wenn ihr nun die beiden Orte miteinander verbindet, könnt ihr mithilfe eines Fadens und dem Kartenmaßstab der Karte die Entfernung abschätzen.

Der Faden ist _____ cm lang. Der Kartenmaßstab hat einen Umrechnungsfaktor von 1: ___, das bedeutet 1 cm Fadenlänge sind _____ Meter in der Realität.

Mein Schulweg ist _____ Meter lang.

Am weitesten von der Schule entfernt wohnt _____, und am nächsten _____.

TIPP

Es kann sein, dass es einen kürzeren Weg zur Schule gibt als euren jetzigen. Bevor ihr nun diesen neuen Weg ausprobiert, besprecht mit euren Eltern oder Lehrern, ob er auch sicher genug ist. Denn lieber etwas weiter laufen als im Krankenhaus landen...

zu Hause

Zur Schule fahre ich meistens mit dem
- [ ] Fahrrad
- [ ] Schulbus
- [ ] mit der Bahn
- [ ] Auto
- [ ] ich laufe

In meiner Klasse...
... laufen _____ Kinder zur Schule.

... kommen _____ Kinder mit dem Fahrrad zur Schule.

... nehmen _____ Kinder den Schulbus oder die Bahn.s

... werden_____ Kinder von ihren Eltern mit dem Auto gebracht.

58 **Wie viele Bäume braucht unsere Klasse?**

Wenn ihr mit dem Auto, dem Bus oder der Bahn zur Schule kommt, so entsteht bei der Verbrennung des Kraftstoffs in den Fahrzeugen zusätzliches Kohlenstoffdioxid (CO_2) in der Atmosphäre, das für den Klimawandel verantwortlich ist. Bäume sind in der Lage, das Kohlenstoffdioxid für einen langen Zeitraum (so lange wie der Baum lebt) zu speichern. **Das bedeutet, dass Bäume das Kohlenstoffdioxid aus der Luft holen und in Holz umwandeln.** So kann es nicht mehr zum Klimawandel beitragen.

AUFGABE

Nun rechnet mal selbst aus: Wie viele Bäume müsstet ihr pflanzen, um das zusätzliche CO_2 aufzufangen, das ihr auf eurem Schulweg verursacht?

1 Alle Kinder, die zu Fuß oder mit dem Fahrrad zur Schule kommen, haben gar keinen CO_2-Ausstoß.* Das sind _____ Kinder.

2 Die Kinder, die mit dem Bus oder der Bahn kommen, fahren insgesamt _____ Stationen täglich (Hin- und Rückfahrt; 1 Busstation ≈ 400 m, 1 Bahnstation ≈ 800 m. Das sind _____ km täglich). Bei einem mittleren CO_2-Ausstoß von 0,1 kg/km sind das _____ kg am Tag, und im Jahr _____ kg.**

3 Die Kinder, die mit dem Auto gebracht werden, legen insgesamt _____ km täglich zurück (Hin- und Rückfahrt). Bei einem mittleren CO_2-Ausstoß von 0,16 kg/km sind das _____ kg am Tag, und im Jahr _____ kg.**

4 Uns unterrichten insgesamt _____ Lehrer/-innen, davon kommen _____ mit Bus oder Bahn zur Arbeit (= _____ km/ Tag), und _____ mit dem Auto (= _____ km/Tag). Insgesamt produzieren sie täglich _____ kg CO_2 und _____ kg über das gesamte Schuljahr.**

Rechnungen:

Ergebnis: Unsere Klasse verursacht im Schuljahr _____ kg bzw. _____ Tonnen (eine Tonne = 1000 kg) CO_2. Jeder Baum kann 20 kg CO_2 im Jahr speichern. Also bräuchten wir _____ Bäume, um das Klima durch unseren Schulweg nicht zusätzlich zu belasten.

AUFGABE

Was könnt ihr anstelle des Pflanzens von Bäumen noch machen, um das Klima zu schonen?

---

* Natürlich atmen wir alle CO_2 aus, hier wird aber nur der zusätzliche CO_2-Ausstoß berechnet.
** Das Schuljahr hat 233 Schultage, wenn ihr samstags Unterricht habt, und 193 Schultage, wenn ihr samstags ausschlafen dürft.

59 **Immer mit der Ruhe!**

„Na klar würde ich gerne auf klimafreundliche Transportmittel umsteigen, aber ich habe leider nicht die Zeit dazu!" – diesen Spruch bekommt ihr häufig von Erwachsenen zu hören, wenn ihr sie fragt, warum sie statt des Autos nicht lieber das Fahrrad und statt des Flugzeugs die Bahn benutzen. Dumme Ausrede? Das kommt darauf an, wie ihr in der folgenden Aufgabe feststellen werdet:

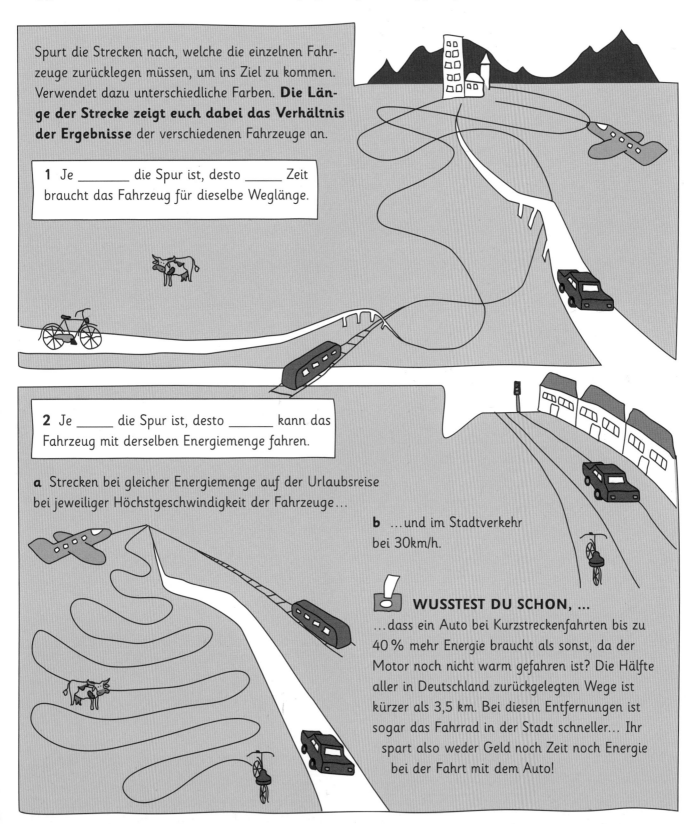

Spurt die Strecken nach, welche die einzelnen Fahrzeuge zurücklegen müssen, um ins Ziel zu kommen. Verwendet dazu unterschiedliche Farben. **Die Länge der Strecke zeigt euch dabei das Verhältnis der Ergebnisse** der verschiedenen Fahrzeuge an.

1 Je _____ die Spur ist, desto _____ Zeit braucht das Fahrzeug für dieselbe Weglänge.

2 Je _____ die Spur ist, desto _____ kann das Fahrzeug mit derselben Energiemenge fahren.

a Strecken bei gleicher Energiemenge auf der Urlaubsreise bei jeweiliger Höchstgeschwindigkeit der Fahrzeuge...

b ...und im Stadtverkehr bei 30km/h.

WUSSTEST DU SCHON, ...

...dass ein Auto bei Kurzstreckenfahrten bis zu 40 % mehr Energie braucht als sonst, da der Motor noch nicht warm gefahren ist? Die Hälfte aller in Deutschland zurückgelegten Wege ist kürzer als 3,5 km. Bei diesen Entfernungen ist sogar das Fahrrad in der Stadt schneller... Ihr spart also weder Geld noch Zeit noch Energie bei der Fahrt mit dem Auto!

60 **Was unser Auto alles kann!**

Viele Menschen können sich heutzutage gar nicht mehr vorstellen, ohne Auto mobil zu sein: Schnell irgendwohin fahren, den alten Schrank von Tante Lisl wegschaffen oder die Kinder trockenen Fußes zur Schule bringen. Dabei verbraucht das Auto jedes Mal Energie und produziert gleichzeitig Kohlenstoffdioxid, das zum Klimawandel beiträgt. Unvermeidlich? Nicht ganz, denn **wenn man schon beim Autofahren muss, dann sollte man das wenigstens so Energiesparend wie möglich tun.** Wie das geht, könnt ihr in den folgenden Aufgaben selbst nachrechnen!

 AUFGABE

Die Wissenschaftler und Ingenieure tüfteln schon lange an der Optimierung des Energieverbrauchs unserer Autos. Die technischen Entwicklungen kosten viel Geld, Zeit und Nerven. Viel einfacher lässt sich Geld sparen, indem man **Kraftstoff sparend fährt.** Rechnet mal selbst, was alles möglich ist! **Merke:** 1 l Benzin kostet 2008 etwa 1,40 € und für 100 km braucht man ca. 8 l.

 ACH, ÜBRIGENS:

Beim nächsten Autokauf könnt ihr euren Eltern vorrechnen, wie viel Energie, CO_2-Emissionen und Geld sie sparen, wenn sie ein kleineres oder sparsameres Auto kaufen – Unterschiede von mehr als 100 % im Kraftstoffverbrauch sind möglich!

So ist das:	Stadt	Autobahn
Raser zahlen drauf... Tempo 150 km/h statt Tempo 120 km/h bedeutet einen bis zu 40 % höheren Kraftstoffverbrauch. Den geringsten Verbrauch haben die meisten Autos bei 50-70 km/h im höchsten Gang.		☐
... und Drängler auch. Beim Beschleunigen braucht der Motor am meisten Energie. Im dichten Verkehr bremst und beschleunigt man ziemlich häufig. Wenn man aber vorausschauend fährt und genügend Abstand zum Vordermann lässt, kann man unnötiges Abbremsen und Beschleunigen vermeiden und spart dabei etwa 5 % Kraftstoff.	☐	
Ein kalter Motor fährt nicht gern Auf Kurzstrecken verbraucht ein Auto bis zu 40 % mehr Energie als sonst, da der kalte Motor nicht optimal arbeitet. Für Kurzstrecken lieber aufs Fahrrad schwingen!	☐	
Wenig Luft auf den Reifen, wenig Geld im Portmonee Schon ein 0,5 bar geringerer Reifendruck als vorgegeben führt zu einem 5 % höheren Kraftstoffverbrauch.	☐	☐
Kalte Köpfe erwärmen die Erde. Im Sommer (30° C) wird häufig die Klimaanlage im Auto eingeschaltet. Im Stadtverkehr führt dies zu etwa 20 % (14–30 %) mehr Kraftstoffverbrauch, auf der Autobahn sind es etwa 8 % (3–13 %).	☐	☐
Mögliche **Gesamtersparnis** (in € je 100 km)	☐	☐

61 Der kleine Verkehrsplaner

Deine große Zeit ist gekommen: Nachdem du nun festgestellt hast, was in deiner Nachbarschaft alles schief läuft und einer klimafreundlichen Mobilität entgegensteht – **zeig den Großen, wie man es besser macht!**

Das ist mein Ziel:

_____
_____
_____
_____
_____
_____
_____
_____
_____

So kann man es erreichen:

_____
_____
_____
_____
_____
_____

TIPP

Denke daran, was du gelernt hast – klimafreundlich unterwegs ist man, wenn man

1. Wege spart oder kurze Wege bevorzugt.
2. sich gemeinsam auf den Weg macht (also weniger Fahrzeuge bewegt).
3. klimafreundliche Transportmittel oder Kraftstoffe nutzt.

Das könnte ein Problem werden:

_____
_____
_____
_____
_____
_____
_____
_____
_____

ACH, ÜBRIGENS:

Wie wichtig deine Ideen sind, kannst du daran erkennen, wie wenig die Erwachsenen in den letzten Jahren vom Klimaschutz verstanden haben:

Auf der einen Seite fordern zwei von drei Menschen in Deutschland, dass die Politik mehr für den Klimaschutz tun soll.
Auf der anderen Seite fuhren 2005 fast 10 Millionen Autos mehr auf Deutschlands Straßen als 1990. Als Folge stieg der Energiebedarf für den Transportsektor in Deutschland zwischen 1990 und 2004 um 6,5 % (für den Flugverkehr sogar um 30 %). Komisch, oder?

62 Fahrradwerkstatt

Wetten, deine Eltern haben irgendwo im Keller oder Hof ein Fahrrad stehen, das seit Jahren nicht repariert wurde und nun herhalten muss als Ausrede, mit dem Auto zur Arbeit oder zum Einkaufen zu fahren! Oder sogar dein eigenes Fahrrad ist kaputt und du wirst deshalb mit dem Auto zur Schule gebracht? Schnee von gestern – hier lernst du, **wie einfach es ist, ein Fahrrad zu reparieren**!

 AUFGABE

Bringe die folgenden Bilder in die richtige Reihenfolge, indem du die Nummern der Textblöcke in die entsprechenden Bilder einträgst.

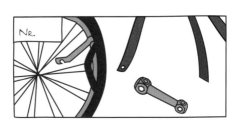

SO FLICKST DU DEINEN FAHRRADSCHLAUCH

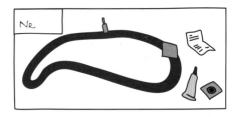

1 Das brauchst du: Deinen Fahrradreifen bzw. -schlauch, Flickzeug, einen Wassereimer, eine Luftpumpe, einen Kopfschlüssel, einen Reifenheber und 30 Minuten Zeit.

2 Als erstes löse mithilfe des Kopfschlüssels das Rad vom Fahrrad.

3 Entferne dann den Schlauch aus dem Reifen. Nimm hierfür den Reifenheber.

4 Suche nun nach der Stelle mit dem Loch; pumpe dazu den Schlauch etwas auf und halte ihn unter Wasser – dort, wo kleine Bläschen aufsteigen, ist das Loch.

5 Markiere das Loch mit einem Stift und trockne den Schlauch an dieser Stelle ab.

6 Nimm das kleine Schleifpapier und raue die Oberfläche des Schlauchs kurz an. Folge dann der Gebrauchsanweisung für den Kleber, bevor du den Flicken aufklebst.

7 Nun musst du nur noch den Schlauch mit dem Schlauchheber in den Reifen zurücklegen und das Rad wieder ans Fahrrad anschrauben.

8 Aufpumpen – fertig!

63 So sind wir in (der) Zukunft unterwegs

Ihr Kinder regiert die Welt von morgen.

Und weil Erwachsene immer so wenig Zeit für alles haben und ihr als Erwachsene vielleicht nicht anders werdet, überlegt euch lieber heute schon einmal, wie ihr **die Welt von morgen verbessern** könnt.

Dann habt ihr die fertigen Lösungen in der Schublade und müsst sie nur noch umsetzen.

Schlau, was?

AUFGABE

Schreibt einen Brief an euch selbst im Jahr 2040.

Wenn zwischenzeitlich keine großen Neuerungen passiert sind, dann ist der Klimawandel weiter fortgeschritten, und es gibt immer weniger Energiereserven, um die steigende Nachfrage nach Mobilität zu decken.

Lösungen sind also gefragt, um trotz Energiekrise keine unerwünschten Einschränkungen in der Mobilität zu machen.

BRIEF AN MICH

HALLO, ICH IN DER ZUKUNFT!

BEVOR DU ANFÄNGST, LANGE ZU ÜBERLEGEN, DENK DOCH ERST MAL AN DIE DREI WICHTIGSTEN DINGE, DIE DU IN MEINEM ALTER IN DER SCHULE GELERNT HAST:

1. WARUM SIND DIE MENSCHEN MOBIL?

2. WO ÜBERALL KANN DIE ENERGIE FÜR DIE MOBILITÄT HERKOMMEN?

3. WIE SPART MAN ENERGIE UND IST TROTZDEM MOBIL?

FÜR DEN FALL, DASS DU SCHON ALT UND VERGESSLICH BIST, SCHREIBE ICH DIR EIN PAAR STICHPUNKTE ZUM ERINNERN AUF:

STADTPLANUNG:

_____

_____

_____

HERKUNFT DER ENERGIE:

_____

_____

_____

ENERGIESPARENDES VERHALTEN:

_____

_____

_____

64 Den Forschern in den Kopf geguckt (S.1)

Es gibt viele Ideen, wie die Mobilität von morgen klimafreundlicher gestaltet werden kann. Manche Ideen werden schon heute
in einigen Fahrzeugen umgesetzt, andere stecken noch in den
Kinderschuhen der Forschungs- und Entwicklungsprozesse. In
welchen Bereichen dabei nach Lösungen gesucht wird, erklären
dir die drei Forscher auf dieser Seite.

Klimafreundliche Stadtplanung
Eine Stadt ist klimafreundlich, wenn
die täglichen Wege (zur Schule oder
Arbeit, zum Einkaufen und Freun-
detreffen) entweder kurz sind oder
zum Laufen oder Fahrradfahren
einladen.

Klimaschonende Kraftstoffe
In Kraftstoffen ist Energie gespeichert. Diese Energie wurde aus
anderen Energieformen in Kraftstoff
umgewandelt. Klimaschonende Energiequellen für Kraftstoffe sind Sonne,
Windkraft, Biomasse, Wasserkraft
und Erdwärme.

Energieeffiziente Technologien
Unter dem Begriff Energieeffizienz versteht man den sparsamen
Einsatz von Energie. Das bedeutet,
dass man für dieselbe Tätigkeit in
Zukunft weniger Energie benötigt
als heute. Das kann man erreichen,
indem man entweder den Energiebedarf der Technologie senkt
oder die im Kraftstoff gespeicherte
Energie besser nutzt.

65 Den Forschern in den Kopf geguckt (S.2)

AUFGABE

Da hat jemand aus Versehen das Fenster im Labor geöffnet und der Wind hat den überraschten Forschern ihre **Ideen aus den Köpfen gepustet**. Kannst Du ihnen helfen und die Ideen wieder zurück in die passenden Köpfe sortieren?
Schreibe dazu die Nummer der jeweiligen Notiz in den passenden Kopf.

ACH, ÜBRIGENS:
Manche der Ideen werden heute schon im Alltag erprobt.

NOTIZ NR. 9
Das Auto muss leichter werden, z.B. durch neue Materialien für Karosserie (Carbonfasern statt Stahl) und Motoren (Aluminium statt Gusseisen)

NOTIZ NR. 1
Der öffentliche Nahverkehr muss so gestaltet werden, dass die Menschen ihr Auto lieber stehen lassen und U-Bahn, Busse und Straßenbahn benutzen.

NOTIZ NR. 3
Der Rollwiderstand der Reifen muss verringert werden, um den Energieverlust durch Reibung zu mindern.

NOTIZ NR. 12
Wasserstoff aus erneuerbaren Energiequellen ist klimaneutral. Nicht immer kann z.B. Windenergie in das Stromnetz eingespeist werden. Wenn man Wasserstoff zu diesen Zeiten mithilfe von Windkraft erzeugt, dann nutzt man Energie, die ansonsten verloren wäre.

NOTIZ NR. 5
Wenn man die Parkplätze in der Innenstadt verteuert oder reduziert, dann steigen die Leute aufs Fahrrad oder den öffentlichen Nahverkehr um.

NOTIZ NR. 6
Weniger leistungsstarke Motoren (geringere PS-Zahl) sparen Energie. Damit diese Autos auch gekauft werden, müssen sie dasselbe Fahrgefühl besitzen, wie die leistungsstarken Fahrzeuge.

NOTIZ NR. 8
Brennstoffzellen wandeln die im Kraftstoff enthaltene Energie viel besser um als Verbrennungsmotoren, da weniger Energie in Form von Wärme verloren geht.

NOTIZ NR. 10
Die täglichen Wege müssen kurz sein! Wohnort, Arbeitsstelle/Schule und Freizeitaktivitäten sollten fußläufig erreichbar sein.

NOTIZ NR. 2
Solar betriebene Autos wandeln Sonnenenergie direkt in elektrische Energie um, mit der das Auto fahren kann. Gerade für kurze Strecken in der Stadt sind solche Antriebe geeignet.

NOTIZ NR. 11
Die Hybridtechnologie muss vorangebracht werden, da die meisten Kilometer im Stadtverkehr gefahren werden. Hier wird heutzutage viel Energie in Form von Bremsenergie verschwendet.

NOTIZ NR. 4
Wenn Gehwege und Radfahrwege gut ausgebaut und sicher sind, dann werden sie auch öfter genutzt.

NOTIZ NR. 7
Wenn Biokraftstoffe aus Abfällen hergestellt werden, dann wird die Energie genutzt, die ansonsten in Form von Wärme bei der Umwandlung der organischen Abfälle durch Bakterien abgegeben würde (Kompostierung).

66 Perpetuum Mobile

 AUFGABE

Das wäre die Lösung für alle unsere Energie- und Klimaprobleme: Eine Maschine, die ohne Energie funktioniert und uns von einem Ort zum anderen bringt. Bisher hat es kein Mensch je geschafft, eine solche Maschine zu erfinden. Vielleicht ist ja einer von euch so schlau? Es lohnt sich auf jeden Fall, denn mit einer solchen Erfindung wäre euch der Nobelpreis sicher (und das Preisgeld in Höhe von 1,1 Mio € gibt es noch dazu)!

Bevor ihr eure Arbeit zum Perpetuum Mobile startet:
1 Macht eine Skizze, wie sich eure Erfindung (vorwärts) bewegen soll und was die Bewegung bremsen könnte. Alles, was bremst, verbraucht Energie!

2 Auf der anderen Seite überlegt euch gut, ob nicht doch eine Art von Energiezufuhr existiert, die euer Gefährt vorantreibt (z.B. die Wärme von Sonnenstrahlen, Wind etc.). Dann ist es kein Perpetuum Mobile mehr!

Viel Spaß beim Erfinden! Hier ist Platz für eure **Notizen**:

Ein Perpetuum Mobile

[lateinisch »dauernd beweglich«] ist eine Maschine, die ohne Energiezufuhr von außen dauernd Arbeit verrichtet (Perpetuum Mobile 1. Art).

 ACH, ÜBRIGENS:

Der Nobelpreis wird seit 1901 jährlich in 5 Kategorien* als weltweit höchste Auszeichnung vom schwedischen König bzw. dem Nobelpreiskommitee in Oslo verliehen. Ein Perpetuum Mobile müsste man in der Kategorie Physik anmelden. Das Geld für den Preis stammt aus dem Nachlass des schwedischen Erfinders und Industriellen Alfred Nobel (der übrigens das Dynamit erfunden hat). In seinem Testament verfügte Alfred Nobel, dass mit seinem Vermögen eine Stiftung gegründet werden sollte, deren Zinsen „als Preise denen zugeteilt werden, die im verflossenen Jahr der Menschheit den größten Nutzen geleistet haben".

* Seit 1969 gibt es auch einen Nobelpreis für Wirtschaft, der jedoch von der schwedischen Reichsbank finanziert wird.

67 # Zu guter Letzt: Exkursionsziele in Berlin

In ganz Deutschland gibt es schon heute viele kleine und große Projekte, in denen die Mobilität von morgen entwickelt oder präsentiert wird. In dieser Broschüre ist leider zu wenig Platz, um sie alle vorzustellen. Außerdem kommen immer Neue dazu, so dass die Liste schnell veraltet wäre. Daher verweisen wir an dieser Stelle stellvertretend auf drei lohnenswerte Exkursionsziele in Berlin.

So wird Wasserstoff erzeugt und getankt:
TOTAL Deutschland GmbH

Alter: **10+**
Gruppengröße: bis zu **20 quirlige** oder **30 ruhigere Kinder**

Lernziele:
Es gibt schon heute Fahrzeuge, die mit Wasserstoff fahren und die an ganz normalen Tankstellen tanken können.
Das kann man hier machen:
Brennstoffzelle angucken, ein Auto betanken, sich die Technik zur Erzeugung und Betankung von Wasserstoff durch einen Experten erklären lassen, feststellen, dass aus dem Auspuff nur heißes Wasser kommt.

Besuchsdauer (ohne Anfahrt): **1h**
Besuchskosten (ohne Anfahrt): **kostenfrei**

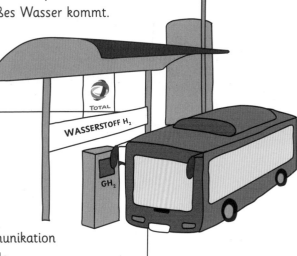

Öffnungszeiten:
täglich, nach Terminvereinbarung
Ort:
TOTAL Tankstelle, Heerstraße
Kontakt:
TOTAL Deutschland GmbH, Unternehmenskommunikation
Tel. (030) 20 27 62 14, kommunikation@total.de

Voranmeldung notwendig!

Zur Tankstelle gelangt man übrigens mit einem Wasserstoffbus der BVG (Linie X49 zwischen Staaken, Hahneberg und S Messe Nord/ICC, Linie 134 zwischen Wasserwerk Spandau und Kladow, Hottengrund, nur nachmittags), den man zu normalen Tarifen nutzen kann.

68 # Exkursionsziele in Berlin

So funktioniert eine Brennstoffzelle: Vattenfall Innovationspark Berlin

Alter: **12+**, Gruppengröße: bis zu **20 Kinder**

Lernziele:
Funktionsweise der Brennstoffzelle und Überblick über ihre Anwendungsgebiete im Alltag.

Das kann man hier machen:
Ständige Ausstellung mit Exponaten verschiedener Unternehmen und Forschungsgruppen angucken.

Besuchsdauer (ohne Anfahrt): **1h**, Besuchskosten: **„zu erfragen"**

Öffnungszeiten: täglich, nach Terminvereinbarung
Ort: Eichenstraße 7/Ecke Puschkinallee, 12435 Berlin
Kontakt:
Martin Pokojski, Vattenfall Europe AG,
Tel. (030) 26 71 10 50

Voranmeldung notwendig!

Deutsches Technikmuseum Berlin

Alter: **10+**, Gruppengröße: **egal**

Lernziele:
Geschichte der Mobilität mit Ausblick auf die Zukunft kennen lernen.

Das kann man hier machen:
Besuch der ständige Ausstellung mit Exponaten zu Antriebstechnologien und Transportmitteln. Lohnenswert ist auch ein Abstecher in die Energieausstellung, die das Thema Erneuerbare Energien aufgreift. Mit derselben Eintrittskarte hat man auch Zutritt zum SPECTRUM, dem interaktiven Teil des Museums.

Besuchsdauer (ohne Anfahrt): **1h–3h**,
Besuchskosten (ohne Anfahrt): Gruppe **3 €**, ermäßigt **1,50 €**

Öffnungszeiten: Montags geschlossen, Di–Fr 9.00–17.30 Uhr
Ort: Trebbiner Straße 9, 10963 Berlin
Kontakt: Tel. (030) 902 54-0 oder info@dtmb.de

INFORMATION

69 # Und wer noch nicht genug hat...

▶ ## Hier gibt es noch weitere Informationen – INTERNET

Unabhängiges Institut für Umweltfragen e.V.
··> www.ufu.de/klimaschutzlinks
Verkehrsclub Deutschland (VCD e.V.)
··> www.vcd.de
Thema Klimawandel auf dem Hamburger Bildungsserver
··> www.hamburger-bildungsserver.de
Weltdekade der Vereinten Nationen 2005–2014
„Bildung für nachhaltige Entwicklung"
··> www.bne-portal.de
Clean Energy Partnership, Leuchtturmprojekt „Wasserstoff im Verkehr"
··> www.cep-berlin.de
HyFLEET:CUTE, europäisches Wasserstoffbusse-Projekt
··> www.global-hydrogen-bus-platform.com
LOGO – Aktuelle Nachrichten, kindgerecht erklärt
··> www.tivi.de/fernsehen/logo/start/index.html
Was ist was – Wissenswelten Technik
··> www.wasistwas.de/technik.html

▶ ## Hier gibt es noch weitere Informationen – BÜCHER

··> **Das große Mammut-Buch der Technik** (Neil Ardley, David Macauly)
··> Das Ravensburger Buch der Bionik **„Natur macht erfinderisch"**
(Prof. Dr. Werner Nachtigall)
··> Was ist Was-Buchreihe: Bd. 3 **Energie**, Bd. 53 **Das Auto**,
Bd. 54 **Die Eisenbahn**, Bd. 67 **Die Völkerwanderung**,
Bd. 77 **Tierwanderungen**, Bd. 122 **Bionik**, Bd. 125 **Der Klimawandel**

▶ ## Hier lohnt es sich, MITZUMACHEN

Der Weltzukunftsrat ruft auf zur Aktion „**Kidscall**" bis 7.7.2008
··> www.kidscall.info
Die europäische „**Woche der Mobilität**" zum Thema September 2008
nachhaltige Mobilität findet jährlich im September statt:
··> www.mobilityweek.eu
Der weltweite Aktionstag „**I walk to school**"
(in Deutschland: „Zu Fuß zur Schule") findet jährlich am 22. September statt 22.09.
und mittlerweile gibt es auch einen „I walk to school"-Monat:
··> www.iwalktoschool.org oder www.zufusszurschule.de
Internationale Klimaschutzaktion „**Auf Kinderfüßen durch die Welt**"
··> www.kinder-meilen.de

INFORMATION

Lehrerlösungen

9 Energie – was ist denn das?
Eigentlich wird unabhängig von der Geschwindigkeit auf dem Hin- und Rückweg gleich viel Energie verbraucht, da die Energiemenge bei dieser Geschwindigkeit nur von der Art der Bewegung, dem Gewicht und der Weglänge abhängt. Da die Kinder aber eine andere LEISTUNG aufwenden mussten, sind sie in der Regel bei der schnelleren Bewegung mehr aus der Puste (dafür jedoch schneller fertig).

10 Mobilität – was ist denn das?
Automobil, Immobilien, Mobile, Mobiliar (Möbel), mobilisieren, Mobiltelefon, Playmobil, Wohnmobil

13 Das mobile Dilemma
Die Leute früher waren aus denselben Gründen mobil, wie wir heute (Einkaufen, Weg zur Arbeit/Schule, Reisen, Freizeit).

Ja, sie haben andere Transportmittel benutzt. Mögliche Gründe hierfür sind:
a) manche gab es noch nicht b) die Wege waren in der Regel kürzer, da die Menschen dort wohnten, wo sie auch arbeiteten und in der Nähe einkaufen gehen konnten c) sie fuhren nicht so oft oder weit in den Urlaub...

Die Menschen haben sich früher mehr selbst bewegt, waren also in diesem Sinn mobiler – andererseits haben sie weniger Kilometer zurückgelegt als wir heute (weniger mobil im anderen Sinn).

14 Rette die Ideen
1 gebraucht **2** Schwungs **3** Reibung, festen **4** Energie-, geleistet **5** Energie **6** bremst **7** Wärme **8** -schwendung **9** Motor

15 Von Kraftprotzen und Schlaumeiern (S.1)
von oben nach unten: **2 – 3 – 1**

16 Von Kraftprotzen und Schlaumeiern (S.2)
Kraftprotz/EK, Schlaumeier/FK, Schlaumeier/BK, Kraftprotz/BK, Schlaumeier/BK, je nach Untergrund: Kraftprotz/BK, Kraftprotz/BK

17 Eine komische Olympiade
Sieger ist: Wettschwimmen (Team 3, geringster Widerstand/Reibung), Kirschkernweitspucken (Team 3, nicht weiter/höher als notwendig), Wettlauf (Team 1, kürzeste Strecke), Rettungsübung (Team 2, geringstes Gewicht/kürzester Weg) – **Gesamtsieger ist demnach Team 3!**

18 Schwer, schwerer, am allerschwersten
1 Die Masse hat erstmal nichts mit der Geschwindigkeit zu tun, es kommt auf den Energieeinsatz an.
2 Vorteile schweres/großes Tier: Angst einflößend, stärker (mehr Masse), bessere Aussicht, Nachteile schweres/großes Tier: höherer Futterbedarf, evtl. träger, kann sich nicht so gut verstecken.
3 Der Elefant, weil er schwerer ist.
4 Auf dem Bild ist der Elefant 140 mal schwerer als das Mädchen, wenn das Mädchen 3 Tafeln benötigt, braucht der Elefant 3x140=420 Tafeln (aber Elefanten dürfen ja keine Schokolade essen).

19 Leicht- und Schwergewichte
Aufgrund der größeren Masse muss man eine höhere Leistung aufbringen: Ist man gleich schnell, dann kann man den Massezuwachs energetisch kompensieren, in der Regel wird man aber langsamer. Wenn etwas

anstrengender ist, hat man eine höhere Leistung aufgebracht (durch das zusätzliche Gewicht). Beim Rennen ist man aus der Puste, weil man dieselbe Energiemenge in kürzerer Zeit aufbringen musste (eine höhere Leistung vollbracht hat).

Notiz: schwerer, mehr

20 Weit, weiter, am allerweitesten
Männer legen die weitesten Strecken zurück, da sie zur Arbeit fahren (Männer haben in der Regel auch weitere Arbeitswege als Frauen). Die durchschnittliche Weglänge war früher kürzer, da die Einrichtungen für das tägliche Leben näher zusammen lagen (Einkaufsläden statt -zentren, Arbeit vor Ort statt Pendler etc.).

Pfuhlschnepfe: Der Mensch bräuchte **mehr als 9 Monate (287,5 Tage)**, die Schnepfe würde so nicht rechtzeitig eintreffen.

21 Kilometerzähler
Die richtige Antwort lautet: **„Weniger als doppelt so oft"**, da man die Energie in Form des Schwungs nutzen kann, der bereits im ersten Teil der Strecke aufgebaut wurde.

Notiz: weiter, mehr

22 Schnell, schneller, am allerschnellsten (S.1)
Manche Tiere sind schneller, weil sie leichter sind oder über eine bessere „Technik" der Fortbewegung verfügen. Manche sind langsamer, weil sie für ihr Leben gar nicht schnell sein müssen. Bei sehr schnellen Tieren hat die Aerodynamik auch einen Einfluss. Schnelligkeit ist von Vorteil, wenn man fliehen muss bzw. schnelle Feinde besitzt und sich nicht anders schützen kann (durch z.B. ein Schneckenhaus)

23 Schnell, schneller, am allerschnellsten (S.2)
1 Licht 300.000 km/h **2** Raumfähre ISS 28.000 km/h
3 Flugzeug 900 km/h **4** Falke (Sturzflug) 360 km/h
5 ICE Bahn 350 km/h **6** Auto 200 km/h **7** Barrakuda (tropischer Raubfisch) 150 km/h **8** Brieftaube 105 km/h
9 Gazelle (Dauerlauf) 90 km/h **10** Pferd (Dauerlauf) 70 km/h **11** Delfin 60 km/h **12** Löwe (Kurzstreckensprint) 55 km/h **13** Fliegender Fisch 55 km/h
14 Fahrrad 40 km/h **15** Sprinter (Kurzstreckensprint) 36 km/h **16** Mensch (gehend) 4 km/h **17** Feuerqualle 2 km/h **18** Schnellste Spinne der Welt 1,9 km/h
19 Mücke nachts im Schlafzimmer 1,4 km/h **20** Riesenschildkröte 0,37 km/h **21** Dreifingerfaultier 0,1 km/h
22 Gartenschnecke 0,05 km/h

24 Rennfahrer
Experiment I: 3 die Bremsklötze sind warm 4 mehr Energie (zum Fahren und Verluste beim Bremsen);
Experiment II: Die Rennfahrer fahren gebückt, weil sie so den Luftwiderstand reduzieren.

Notiz: schneller, mehr, Luft

Expertenfrage: Nicht mehr Energie, sondern gleichviel Energie in kürzerer Zeit wurde gebraucht.

25 Zappelalphabet
anschleichen, bummeln, c—, dribbeln, eiern, fliegen, gehen, hüpfen, (umher)irren, joggen, kriechen, laufen, marschieren, nähern, orientieren, Purzelbaum schlagen, quirlen, rennen, schlendern, trödeln, umziehen, verlaufen, wandern, x—, Yacht fahren, zappeln

71 # Lehrerlösungen

26 Transportmittel gesucht
1 Land: Auto, Fahrrad, Roller – **Wasser:** Schiff, U-Boot, Floß – **Luft:** Flugzeug, Zeppelin, Hubschrauber

2 Langsam: zu Fuß, Floß, Roller – **Schnell:** Auto, Eisenbahn, Flugzeug
Schnelligkeit ist unwichtig: Raumstrecke kurz, viel Zeit

3 Wenigste Energie je Person: Kurzstrecke (Fahrrad), Langstrecke (Bahn)

4 Virtuelle Mobilität: Online-Shopping, E-Mails mit Freunden, Chatten, Informationssuche (statt Bibliothek)

27 Alles ist relativ
Es gibt kein „bestes" Transportmittel – die Wahl ist abhängig von verschiedenen Kriterien, die zueinander gewichtet werden. Trotzdem sollte man versuchen, immer klimafreundlich unterwegs zu sein (geht nicht immer).

28 Doofe Helden?
7.400 kg Futter/ 3.700 l Wasser täglich, für 15 Tage sind das 111 Tonnen Futter und 55.500 l Wasser (wobei ein Teil davon bestimmt unterwegs aufgesammelt/ geerntet wurde).

Hannibal war kein „doofer Held", denn der Energieverbrauch ist nicht der Hauptgrund, warum Elefanten mitgenommen wurden. Sie waren sehr hilfreich bei den Eroberungsfeldzügen, da sie sehr Furcht einflößend und stark waren (Kampfelefanten).

Andere Gründe für die Transportmittelwahl sind: Transportgewicht, Entfernung, Geschwindigkeit, Mobilität der Passagiere...

29 Einmal rund um die Welt
1 Besonderes – Welt – Weltraum – Raumfahrt – Weltumsegelung – früher – heute – weitere – mehr – einfacher – Anstrengung
2 Schiff: Muskelkraft, Windkraft – Fahrrad: Muskelkraft – Flugzeug: Kerosin (Erdöl) – Raumschiff: Flüssigtreibstoff (Kerosin mit Sauerstoff) – Füße: Muskelkraft
3 Am wenigsten hat sich Gagarin bewegt, die Kapsel war sehr eng.

30 „Früher war alles anders", sagt Oma
Falsch ist: 1 „ Da sind die Römer einfach aufs Fahrrad umgestiegen", 2 „Heutzutage besitzt in Deutschland schon jeder der etwa 65 Millionen Erwachsenen ein Auto"; 3 „Oder mit der Postkutsche zur Schule gefahren"; 4 „Die Eisenbahn war ja noch nicht erfunden"; 5 „gab es auch noch keine Straßenbahnen damals"; 6 „1950 das erste Flugzeug erfunden"; 7 „Es wurde mit Schwänen angetrieben"

31 Nachhilfe für den Homo Sapiens (S.1)
160 kJ = 0,04 kWh, 55 kJ = 0,015 kWh, 0,08 l Benzin = 0,8 kWh, 0,04 l Kerosin = 0,4 kWh
Mit dem Fahrrad braucht man weniger Energie, weil die Haftreibung der Räder geringer ist und der Schwung besser genutzt wird.

32 Nachhilfe für den Homo Sapiens (S.2)
Delphin/Pinguin – neue Flugzeugform, Vogel – Paragliding, Hai – Rillenfolie auf Flugzeug, Ameise – Logistikplanung (LKW), Waldkauz – Stoßstange vom Auto

33 Wie kommt die Energie ins Fahrzeug?
Diesel, Biodiesel, Benzin, Erdgas, Wasserstoff – wird im Auto verbrannt
Bioethanol – wird Benzin beigemischt, wird aus zuckerhaltigen Pflanzen gewonnen
Biodiesel – wird aus ölhaltigen Pflanzen gewonnen (wird Benzin beigemischt)
Benzin, Diesel, Kerosin – wird aus Erdöl gewonnen
Erdöl, Erdgas – ist ein fossiler Energieträger
Kerosin – wird in Flugzeugen verbrannt
Wasserstoff – wird aus Erdgas gewonnen, wird aus Biomasse gewonnen, wird in Brennstoffzellen zu Strom umgewandelt, kann mit Elektrolyse aus Strom und Wasser hergestellt werden

Benzin, Diesel, Erdgas und Kerosin sind fossile Kraftstoffe und daher klimaschädlich. Bei Wasserstoff kommt es darauf an, wie er hergestellt wird. Wenn der Strom zur Elektrolyse aus erneuerbaren Energien besteht, ist er klimafreundlich, ebenso bei der Reformierung aus Biomasse.

36 Katalysatoren
Der Katalysator sorgt dafür, dass noch im Fahrzeug die für die Umwelt schädlichen Abgase neutralisiert bzw. verringert werden. Das schafft der Katalysator durch seine spezielle Oberfläche, in der die schädlichen Stoffe hängen bleiben und in weniger schädliche Stoffe umgewandelt werden. Durch den Katalysator werden giftiges Kohlenmonoxid und Kohlenwasserstoffe in ungiftiges Kohlenstoffdioxid, giftige Stickoxide in ungefährlichen Stickstoff umgewandelt. Für Angeber und Besserwisser kann man es auch so ausdrücken: ...

Expertenfrage: PIPI

37 Elektrische Energie – was ist denn das?
Wind – Wassers – Wasserdampf – Verbrennung – Biomasse

38 Mit elektrischer Energie unterwegs...
U-Bahn, Rollstuhl, Eisenbahn, Elektroauto, Fahrstuhl, S-Bahn

Stromtrasse: + immer verfügbar, - nur bestimmte Strecken, Energie kommt aus dem Netz
Batterie: + man kann fahren, wohin man will, - keine langen Strecken möglich, Energie kommt aus dem Netz
Brennstoffzellenantrieb: + man kann fahren, wohin man will, - man muss an bestimmten Tankstellen tanken, Energie kommt vom Wasserstoff (Strom oder Biomasse).

39 Fred Faultiers großer Tag
Die Bremsenergie ist keine Energiequelle, durch den Hybridantrieb werden nur die Bremsverluste reduziert. Die Energie wurde jedoch vorher schon durch den Kraftstoff bereitgestellt. Hybridfahrzeuge nutzen also den Kraftstoff effizienter.

40 Biosprit – was ist denn das?
Bioenergie ist klimaneutral, da gleich viel CO_2 bei der Verbrennung in die Luft gelangt, wie die Pflanze zum Wachsen aufgenommen hat. Jedoch muss genau genommen der Biosprit mit erneuerbaren Energien hergestellt werden...

41 Mit Biosprit unterwegs...
Füße = Räder, Mund = Tankstutzen, Nase = Auspuff, Benzin = Nudeln, Zapfsäule = Teller

Lehrerlösungen

43 Wasserstoff – was ist denn das? (S.2)
Wasserstoff kann man aus Wasser, Erdgas, Biomasse, Alkohol gewinnen. Kohlenstoffdioxid wird bei der Herstellung aus Erdgas, Biomasse und Alkohol freigesetzt. Die Erzeugung aus Erdgas ist nicht klimaneutral, weil es ein fossiler Energieträger ist. Die Gewinnung von Wasserstoff aus Wasser ist nur dann klimafreundlich, wenn die elektrische Energie aus erneuerbaren Quellen stammt.

44 Mit Wasserstoff unterwegs
Die Wasserstoffatome kommen als Protonen durch die Membran, die Elektronen nehmen dem Umweg über den externen Stromkreis (Leiter über die Mauer). Dort geben sie ihre Energie an den Elektromotor ab (Glühlampen).

46 Woher kommt der Klimawandel?
2 – 4 – 1 – 3
Temperaturen: 23°C – 20°C – 50°C – 14°C
In der Urzeit war die Konzentration von CO_2 in der Atmosphäre sehr hoch, durch das Wachstum von Pflanzen und Tieren wurde es aus der Luft geholt und in Biomasse unter der Erde gespeichert. Diese wird nun in Form von Erdöl/ Erdgas wieder hervor geholt und verbrannt, so dass das CO_2 wieder in die Atmosphäre gelangt. Dadurch erwärmt sich die Erde wieder. Es ist unklar, wie warm die Erde wird, da die Sonneneinstrahlung und andere Faktoren das Klima ebenso beeinflussen. Die Menschheit wird jedoch keine Temperaturen wie in der Urzeit überleben...

47 Die Folgen des Klimawandels
Die Wüste breitet sich aus. Die dort lebenden Menschen haben weniger zu essen und müssen ihre Heimat verlassen, um zu überleben.

Der Mangel an Regen führt dazu, dass die Böden austrocknen und die Erde mitsamt den Nährstoffen durch den Wind einfach weggepustet wird. Die Pflanzen können also nicht mehr wachsen und die Tiere finden nichts zu essen oder zu trinken.

Auch extremere Wetterlagen, wie Stürme, lange Regenfälle und Unwetter werden von den Experten auf den Klimawandel zurückgeführt.
Die Gletscher in den Bergen und am Nordpol schmelzen.

Wenn auch die riesigen Gletscher am Südpol schmelzen, steigt der Meeresspiegel und überflutet die Küstengebiete der Erde. Vor allem Menschen im dicht besiedelten Flachland sind davon bedroht.
Vögel: Amseln, Stare

Länder, die vom steigenden Meeresspiegel in Europa betroffen sein werden: Niederlande, Deutschland, Portugal, Frankreich, Dänemark,...= Alle Länder, die Städte an der Küste haben.

48 Was der Orang-Utan zum Biosprit sagt
0 Waldmensch
2 Bundesländer, die kleiner sind als 20.000 km²: Berlin, Bremen, Hamburg, Rheinland-Pfalz, Saarland, Sachsen, Schleswig-Holstein, Thüringen

49 Da beißt die Maus keinen Faden ab!
Der einzige Weg, um das Problem der begrenzten Energiereserven zu lösen, heißt: Energie sparen. Das kann man durch effiziente Technologien oder ein Energie sparendes Verhalten tun. Man sollte sich bewusst sein, dass es immer eine Konkurrenz um die verfügbaren Energien gibt!

54 Treibhauseffekt? Find ich gut!
Die Luft im Marmeladenglas steht stellvertretend für die Atmosphäre. Wenn sich die Erde (das Land) durch die Sonne erwärmt, kann die abgegebene Wärmestrahlung nicht das Glas verlassen. Es ist gefangen und erhitzt die Luft im Glas immer weiter – ein Treibhauseffekt in Miniaturformat.

59 Immer mit der Ruhe
1 länger, mehr
2 länger, weiter

60 Was unser Auto alles kann!
Bis zu 58% mehr Kraftstoff als nötig wird auf Autobahnen (Langstrecken) und 70% im Stadtverkehr (Kurzstrecken) verbraucht.

65 Den Forschern in den Kopf geguckt (S.2)
Klimafreundliche Stadt: 1, 4, 5,10
Klimaschonende Kraftstoffe: 2, 7, 12
Energieeffizienz: 3, 6, 8, 9, 11

Hinweise zu den Quellen
Die in dieser Broschüre verwendeten Daten und Informationen wurden sorgfältig recherchiert und geprüft. Da sie in den seltensten Fällen übersichtlich und vollständig in einzelnen Quellverzeichnissen vorlagen bzw. teilweise errechnet wurden, würde eine detaillierte Auflistung aller Quellen zu einer endlosen und wenig hilfreichen Liste führen. Wenn Sie Fragen zu einzelnen Quellen haben oder weitere Informationen benötigen, können Sie uns gerne jederzeit kontaktieren oder unter www.ufu.de/klimaretter nachschlagen.

Fehlerteufelchen
Sollten sich trotz sorgfältiger Prüfung Fehler eingeschlichen haben, möchten wir an dieser Stelle um Entschuldigung bitten und freuen uns über eine Rückmeldung. Dann können wir die Fehler für die nächste Auflage korrigieren. Vielen Dank!

Hinweis zur Rechtschreibung: Versal-ß
2007 forderte das Deutsche Institut für Normierung (DIN) die Großschreibung des Buchstabens ß. Die Internationale Standardisierungs-Organisation ISO hat den Vorstoß aufgenommen und will ihn in den internationalen Zeichensatz ISO 10646 beziehungsweise Unicode aufnehmen. Das wurde auf der Tagung des zuständigen ISO-Fachgremiums Ende April 2007 beschlossen. Daher und vor allem auch aus Gründen der Lesbarkeit wurde in dieser Broschüre entgegen den derzeitigen Regelungen durchgängig bei Großbuchstaben das ß anstelle von ss verwendet.

HINWEIS